Brunhilde Bross-Burkhardt

Mein Garten im Winter

Haupt
NATUR

Brunhilde Bross-Burkhardt

MEIN GARTEN IM WINTER

Artenvielfalt fördern, Wintergemüse ernten, Gestaltungsideen umsetzen

Haupt Verlag

Dr. Brunhilde Bross-Burkhardt studierte Allgemeine Agrarwissenschaften mit Schwerpunkt Wasserwirtschaft und Landschaftsökologie. Sie ist Fachjournalistin, Zeitschriftenredakteurin und Autorin von über vierzig Sachbüchern und (Garten-)Reiseführern. Neben ihrer Tätigkeit als Dozentin in der Erwachsenenbildung vermittelt sie zudem seit Jahrzehnten als Exkursions- und Kursleiterin ihr botanisches Wissen einem breiten Publikum.
www.bross-burkhardt.de

1. Auflage: 2020

ISBN 978-3-258-08172-4

Gestaltung und Satz: pooldesign, CH-Zürich
Lektorat: Franz Leipold, D-Violau

Umschlagabbildungen
Vorne: Candix/Pixabay (Hagebutte); Ispanka89/Pixabay (Gimpel);
Leonie Schoppema/Pixabay (Kohl)
Rücken: Brunhilde Bross-Burkhardt (Fächer-Zwergmispel)
Hinten: Kerstin Riemer/Pixabay (oben); Norbert Höldin/Pixabay (unten)

Wir verwenden FSC-Papier. FSC sichert die Nutzung der Wälder gemäß sozialen, ökonomischen und ökologischen Kriterien.
Gedruckt in Deutschland

MIX
Papier aus verantwortungsvollen Quellen
FSC® C110508

Diese Publikation ist in der Deutschen Nationalbibliografie verzeichnet.
Mehr Informationen dazu finden Sie unter http://dnb.dnb.de.

Der Haupt Verlag wird vom Bundesamt für Kultur mit einem Strukturbeitrag für die Jahre 2016–2020 unterstützt.

Wir verlegen mit Freude und großem Engagement unsere Bücher. Daher freuen wir uns immer über Anregungen zum Programm und schätzen Hinweise auf Fehler im Buch, sollten uns welche unterlaufen sein. Falls Sie regelmäßig Informationen über die aktuellen Titel im Bereich Natur & Garten erhalten möchten, folgen Sie uns über Social Media oder bleiben Sie via Newsletter auf dem neuesten Stand!

www.haupt.ch

Inhalt

Vorwort

Mein Gartenleben findet auch im Winter statt. Für mich steckt ein Garten zu jeder Jahreszeit voller Leben, voller Abenteuer und voller ästhetischer Reize. Deshalb bleibt der Garten auch im Winter mein Beobachtungs- und Erlebnisraum und dazu mein Betätigungsfeld. Da ziehe ich mich gerne warm an, nur um draußen zu sein, wo ich mir alles aus nächster Nähe anschauen und auch aktiv sein kann. Messer, Gartenschere und Fotoapparat sind meistens mit dabei, denn es gibt immer etwas abzuschneiden, zu ernten, zum Kompost oder zur Grünguttonne zu bringen und zu fotografieren.

Während der Arbeit an diesem Buch setzten im Oktober erste leichte Bodenfröste ein, allerdings blieb der geschützte Gartenraum noch davon verschont. Danach herrschten wieder mildere Temperaturen mit dem Effekt, dass das Laub lange an den Bäumen und Sträuchern hängen blieb. So konnte ich mich längere Zeit an der Herbstfärbung erfreuen, an den verwaschenen gelblichen, rötlichen und bräunlichen Blättern der Ahorne, Buchen und Hainbuchen, nicht zu vergessen der Kirschen und Weinreben. Noch Ende November erntete ich Weintrauben. Die Kübelpflanzen blieben zunächst einmal draußen. Ich räumte sie erst Mitte November ins Haus. Meinen Oleander, der etwas Frost verträgt, ließ ich sogar den ganzen Winter über im Freien (ein Experiment!); an den wenigen Tagen mit tieferen Minusgraden holte ich ihn auf die geschützte Terrasse.

2019 dauerte es bis Dezember, ehe es Nächte mit etwas strengerem Frost gab. Da überzog Raureif die Stängel der Stauden und die letzten Rosenblüten, und auf Pfützen und in Wasserbehältern bildete sich eine Eisschicht. Doch bis an das Wärme abstrahlende Haus reichte der Frost noch nicht. Etwa ab dem Barbaratag am 4. Dezember keimte bereits eine erste Hoffnung auf den Frühling – ein vages Gefühl aus dem Wissen heraus, dass die Gehölze ab Anfang Dezember blühbereit sind. Da holte ich Forsythienzweige als Barbarazweige ins Haus, die bald darauf ihre Blüten öffneten. Am 11. Dezember schneite es kräftig, und für kurze Zeit hüllte der Schnee alles ein. Die Schneedecke verwandelte die Staudenbüschel in kleine Hügel, aus denen die Stängel herausragten. An diesen Schneetagen betrachtete ich die Gartenszenerie vom warmen Wohnzimmer aus und schaute nur den Rotkehlchen und Amseln am Futterhäuschen der Nachbarn und im Gesträuch zu.

Zwischen den folgenden kurzen Schnee- und Kältephasen zog es mich aber schon wieder hinaus an die frische Luft, um Verdorrtes abzuräumen und um nach den ersten sprießenden Frühlingsboten Aus-

schau zu halten: nach Lenzrosen, Primeln, Winterlingen, Schneeglöckchen, Elfen-Krokussen und nach den Wildkräutern Scharbockskraut und Wilder Schnittlauch. Bereits im Januar wärmte an manchen Tagen die Sonne, sodass ich mittags auf der Südterrasse sitzen und Hummeln beobachten konnte. In einem Garten am Südhang unweit meines Grundstücks sah ich am 15. Januar eine ganze Wiese voller blühender Winterlinge. Die Schneeglöckchen lugten eine Woche später aus der Erde. Und am 3. Februar spitzten plötzlich Elfen-Krokusse aus der Gartenwiese. Am 15. Februar waren sie voll erblüht. Nur die Hummeln und Honigbienen, die in früheren Jahren die Blüten belagerten, waren nicht da. Überhaupt flogen erschreckend wenige Insekten. Das Insektensterben zeigt sich also auch in meinem naturnahen Garten und gibt Anlass zu großer Sorge.

Mein winterliches Gartenleben beschränkt sich aber nicht nur auf meine eigenen Gärten (mein Hausgarten und zwei andere, die der Familie gehören), sondern ich schaue mir auch gerne an, was sich in anderer Leute Gärten, in öffentlichen Anlagen und Parks und in botanischen Gärten tut – und das alles mit dem beruhigenden Gefühl, dass ich mich um die praktischen Arbeiten dort nicht selbst kümmern muss. Insofern ist das vorliegende Buch eine Fortsetzung des Vorgängerbuchs «Viel Garten – wenig Zeit», in dem ich Überlegungen anstelle, wie man sich das Leben in und mit einem großen Garten leichter machen kann, sodass noch genügend Zeit bleibt, um sich an ihm noch zu freuen. Im Winter ist das ohnehin der Fall.

So lade ich Sie ein, liebe Leserinnen und Leser, mir in den mehr oder weniger winterlichen Garten und die umgebende Natur mit ihren so unterschiedlichen Stimmungen zu folgen – zum genießerischen Betrachten, zum kundigen Beobachten und auch zu praktischen Aktivitäten. Die frische, belebende Winterluft wird auf jeden Fall guttun.

Dr. Brunhilde Bross-Burkhardt

< Raureif betont die Konturen der Blätter und Fruchtstände des Efeus

^ Winterszenerie an meinem Haus: Haselnussäste biegen sich unter der Last des Schnees

Allgemeiner Teil

Mein
Garten

Einleitung

Der winterliche Garten birgt viele Überraschungen. Mit Gräsern, immergrünen Stauden und Gehölzen lassen sich auch im Spätherbst und Winter interessante Gartenbilder gestalten. Ästhetisch empfindsame Menschen richten ihren Blick auf faszinierende Details, beispielsweise filigrane Gräsergestalten, bizarre Fruchtstände, ornamentale Blätter, straffes Astwerk oder interessant gezeichnete Rinde. Die vielen Winterschönheiten verdienen die ihnen gebührende Beachtung, und sie sind darüber hinaus von Nutzen. Immer wichtiger werden nämlich die Naturschutzaspekte, für die ein Garten auch im Winter steht. Vor allem seine Bedeutung als Überwinterungsplatz für Vögel rückt in den Fokus. Wir alle können auf dem uns anvertrauten Land etwas für Vögel, Insekten, Kleinsäuger und andere Lebewesen tun.

< Der Garten bleibt auch im Winter interessant und schön anzuschauen

Wann ist überhaupt «Winter»?

Dabei ist als Erstes zu klären, was überhaupt unter Winter zu verstehen ist. Die drei kalendarischen Wintermonate oder ein anderer Zeitraum? Welchen Zeitraum die vierte Jahreszeit einnimmt, ist nicht eindeutig festgelegt. Man unterscheidet den kalendarischen, den meteorologischen und den phänologischen Winter. Der kalendarische Winter reicht vom Tag der Wintersonnenwende am 21. oder 22. Dezember bis zur Tag-und-Nacht-Gleiche am 21. oder 22. März (Frühlingsäquinoktium). Der meteorologische Winter beginnt am 1. Dezember und dauert bis zum 28. bzw. 29. Februar. Und der phänologische Winter reicht vom Abschluss der Feldarbeiten bis zur Schneeglöckchenblüte. Bei der Pflanzenauswahl für dieses Buch orientiere ich mich weitestgehend am phänologischen Winter.

Winterbeginn mal so, mal so

Ab dem Spätherbst bereitet sich die Natur auf den Winter vor. Das heißt aber nicht, dass im Garten völlige Ruhe einkehrt.

In manchen Jahren frieren bereits im Oktober die meisten krautigen Pflanzen ab, allen voran die kälteempfindlichen Einjährigen Basilikum, Kapuzinerkresse und Schmuckkörbchen. Doch es gibt auch Jahre, in denen es bis Dezember oder gar Januar keinen richtigen Kälteeinbruch gibt, so wie im Winter 2019/2020. Die Blüten der letzten Sommerblumen, der Winterastern und der Geranien in den Balkonkästen bleiben uns dann noch eine Weile als aufmunterndes Geschenk der Natur erhalten. Als ich dieses Buch schrieb, erfreute ich mich zum Beispiel um die Weihnachtszeit noch an den leuchtend orangefarbenen Blüten der Ringelblume. Wann der erste Frost kommt, hängt wesentlich auch von der Höhenlage und vom Kleinklima ab. In bebauten Gebieten ist es meistens wärmer als in freier Lage. Diesen Effekt kann man auch auf bebauten Grundstücken beobachten, wo in Hausnähe ebenfalls deutlich wärmere Temperaturen herrschen. Der erste Frost in Form von Raureif reicht meistens nicht bis ans Haus heran. Diese Tatsache nutze ich gerne aus und stelle Kübelpflanzen, die im Haus überwintern sollen, auf der etwas geschützten Terrasse ab.

Insgesamt betrachtet, hat sich das Wettergeschehen im Winter verändert. Dies ist nicht nur mein persönlicher Eindruck, sondern auch durch statistische Daten belegt, denen zufolge die Winter wärmer werden, es weniger Schneetage gibt und der Frühling früher beginnt. Das mag man als negative Folgen des Klimawandels beklagen. Wer einen Garten zu bewirtschaften hat, wird sich auf diese Veränderungen einstellen müssen; und vielleicht kann man ihnen auch Positives abgewinnen, beispielsweise indem man verstärkt Gemüse zur Überwinterung anbaut und den Garten abwechslungsreich mit winterschönen Stauden und Gehölzen aus dem mediterranen Raum gestaltet. Auf jeden Fall hat sich die Vegetationsperiode im Lauf des letzten halben Jahrhunderts deutlich verlängert.

< So kann Winter sein: mit Schneedecke und klirrend kalt …

> … oder mild, sodass Ringelblumen und Löwenmäulchen den ganzen Winter durchblühen

WETTERPHÄNOMENE

< Raureif in Variationen: Fichtennadeln wie glasiert

^ ... Spinnweb-Gehänge zwischen Buchsbaumzweigen

< ... gefrostete Rosenblüte der Sorte 'Bonanza'

^ Eisig

> Klar und kalt

> Neblig

Das Klima im Winter

Das Klima im Winter ist ein Mix aus verschiedenen Wetterereignissen: Es kann regnerisch, kalt, frostig, trüb, neblig, windig, stürmisch, sonnig sein – mit sehr differenzierten Stimmungen.

Auch in Zeiten des Klimawandels bleiben die Wintertemperaturen in unseren mitteleuropäischen Breiten niedrig und manchmal frostig. Ich erinnere mich an Winternächte in nicht allzu ferner Vergangenheit mit –30 °C. Im Winter 2019/2020 sank die Temperatur in meinem Garten aber nur auf –5 °C. Einzelne Wetterereignisse sind, das muss man deutlich sagen, noch keine Klimaveränderung, aber sie weisen in eine bestimmte Richtung. Im nächsten Winter kann das Wettergeschehen wieder ganz anders sein.

Eine unverrückbare Tatsache ist es, dass im Winter Niederschlag häufig in Form von Schnee fällt, zuweilen auch als Griesel, Graupel oder Hagel.

Ebenso sind die Sonnenintensität und die Zahl der Sonnentage im Winter geringer. Und wegen des tieferen Standes der Sonne ist ihr Einfallswinkel niedrig, was sich auf die Belichtung der einzelnen Gartenteile und damit auf die Gartennutzung insgesamt auswirkt. Zum Winter gehören auch Schönwetterphasen mit milder Luft und frühlingshafter Stimmung. Das Datum, an dem das Wetter ins Frühlingshafte umschlägt, liegt um den Lichtmesstag, den 2. Februar. Ab da werden die Tage deutlich länger. Eine alte Bauernregel drückt das prägnant aus: «Lichtmess, bei Tag ess'.» (Wobei man hinzufügen muss, dass es im bäuerlichen Leben üblich war, abends vor der Stallzeit zu vespern, so um 17 Uhr.)

< Typisch Winter, könnte man denken. Doch solche Wintertage mit viel Schnee sind selten geworden

Klimazonen und Klimaveränderung

Mitteleuropa liegt in einer gemäßigten Klimazone mit ausgeprägten Jahreszeiten. Seit einigen Jahren kann man den Eindruck gewinnen, dass die Winter nicht mehr so sind wie früher. Sie sind nicht mehr so schneereich, nicht mehr so kalt und erscheinen sogar kürzer. Das ist nicht nur ein Eindruck, sondern ist eine statistisch belegte Tatsache. Seit 1951 sind die Schneetage um 42 Prozent zurückgegangen. Die Vegetationsperiode setzt seit 1961 bis zu drei Wochen früher ein. Auch die Niederschlagsverteilung hat sich geändert; die Winterniederschläge haben seit 1881 um 26 Prozent zugenommen, und es gibt mehr Wetterextreme (Quelle: Deutscher Wetterdienst).

Was versteht man unter Wetter, Witterung, Klima?

Als **Wetter** bezeichnet man den Zustand der Atmosphäre an einem bestimmten Ort der Erdoberfläche zu einem bestimmten Zeitpunkt. Er zeigt sich an Sonneneinstrahlung, Luftdruck, Lufttemperatur, Luftfeuchtigkeit und Wind sowie den sich daraus unmittelbar ergebenden Elementen wie Bewölkung und Niederschlag. Wetter kann sich mehrmals täglich ändern.

Witterung ist der allgemeine, durchschnittliche oder auch vorherrschende Charakter des Wetters an einem Ort über einen Zeitraum von mehreren Tagen oder Wochen.

Im Gegensatz dazu ist **Klima** der für eine Region oder Klimazone typische jährliche Ablauf der Witterung, zum Beispiel mildes, raues oder winterfeuchtes Klima. Detailliert beschreiben das Monatskurven von Temperatur und Niederschlägen, die sich aus Wetterstatistiken vieler Jahre bis Jahrzehnte ergeben. Diese Daten werden vom Deutschen Wetterdienst, von MeteoSchweiz und anderen erhoben und sind allgemein zugänglich.

< In weiten Teilen Mitteleuropas liegt an den meisten Wintertagen kein Schnee

^ Die Schneetage sind statistisch belegt stark zurückgegangen

Phänologischer Kalender

In der streng astronomischen Einteilung (siehe oben) gibt es nur vier Jahreszeiten. Dies wird den Entwicklungen in der Pflanzenwelt jedoch nicht gerecht. Deshalb ist es in der Agrarmeteorologie schon lange üblich, den Jahresverlauf anhand der Entwicklung von ausgesuchten, häufig vorkommenden Pflanzen zu gliedern. Dadurch erhält man den sogenannten phänologischen Kalender, der in zehn Abschnitte unterteilt ist. (Der Deutsche Wetterdienst schlüsselt aktuell sogar noch weiter in 20 Abschnitte auf, siehe www.dwd.de.) Diese feine Gliederung, die die Entwicklung von wichtigen Kulturpflanzen mit einbezieht, ist für die Landwirtschaft von Wert; für gärtnerische Aktivitäten genügt folgende Gliederung:

Vorfrühling	Beginn der Schneeglöckchenblüte
Erstfrühling	Beginn der Forsythienblüte
Vollfrühling	Apfelblüte
Frühsommer	Blüte des Schwarzen Holunders
Hochsommer	Blüte der Winter-Linde
Spätsommer	Winterroggen-Ernte
Frühherbst	Blüte Herbst-Zeitlose
Vollherbst	Rosskastanie, Fruchtreife
Spätherbst	Herbstfärbung der Rot-Buche
Vegetationsruhe	Ende der Feldarbeiten

Dies ist eine sinnvolle Einteilung, denn sie orientiert sich an der Vegetationsentwicklung von Wild- und Kulturpflanzen am individuellen Standort, die von Landstrich zu Landstrich entsprechend dem Breitengrad, der Höhenlage und anderer Faktoren variiert. So setzen die Phasen in Weinbaugegenden mit mildem Klima früher ein als in kalten Mittelgebirgslagen oder an der Küste. Vor allem im Frühling kann der Phasenbeginn teilweise um über einen Monat auseinanderklaffen. (Im Laufe der Vegetationszeit und zum Herbst hin gleichen sich die Unterschiede weitgehend aus.) Ich selbst konnte das bei meinen vielen Fahrten zwischen meinem Wohnort im Nordosten Baden-Württembergs zur Redaktion im Stuttgarter Talkessel auch beobachten: Die Forsythienblüte, die Osterglockenblüte und die Apfelblüte setzten in Stuttgart jeweils zehn bis vierzehn Tage früher ein als an meinem etwa hundert Kilometer entfernten Wohnort in knapp 500 Meter Meereshöhe.

^ Die Schneeglöckchenblüte zeigt den Vorfrühling an

^ Weidenblüte im Erstfrühling

Das Kleinklima

Die Forsythienblüte im phänologischen Kalender

Die Forsythie ist nicht nur ein beliebter Zierstrauch, sondern hat noch eine andere Bedeutung, nämlich als Zeitgeber im phänologischen Kalender. Die Forsythienblüte markiert den Beginn des Erstfrühlings. (Obwohl es vorkommen kann, dass die Forsythie bereits im Spätherbst vor der Zeit blüht.) Allerdings ist das kein fixer Termin wie im üblichen Kalender, sondern die Forsythienblüte kann je nach Standort, Klima- und Höhenlage zu unterschiedlichen Zeitpunkten einsetzen, die an einem Ort von Jahr zu Jahr um Wochen voneinander abweichen können. An der Forsythienblüte orientieren sich Gartenarbeiten wie die Rosenpflege.

Ein Garten ist mit seinem Kleinklima immer in die Umgebung mit ihrem Großklima eingebunden. Auf das Großklima kann man nicht direkt Einfluss nehmen; der Garten ist somit genauso wie die umgebende Landschaft Klimaveränderungen ausgesetzt. Anders verhält es sich beim Kleinklima im Gartenraum: darauf kann der Gärtner durch Bauwerke und Bepflanzung bedingt Einfluss nehmen. (Wichtig ist es, bereits bei der Auswahl des Bauplatzes diesen Faktor zu berücksichtigen und insbesondere die Exposition und die damit verbundenen Winde und möglichen Kaltluftströme zu bedenken.)

Ein Garten entwickelt sich an seinem Standort schließlich aus einem Zusammenspiel von Boden und atmosphärischen Einflüssen, also von Sonneneinstrahlung, Temperatur, Niederschlägen, Luftströmen und Wind – und den menschlichen Aktivitäten.

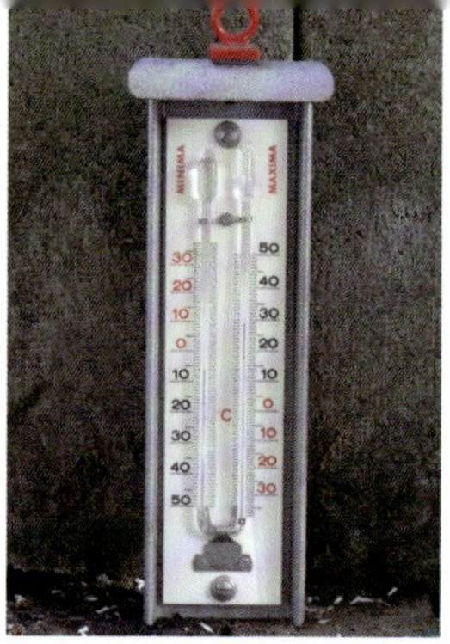

Wetterstation für den Garten

Lufttemperatur und Niederschlag sind die wichtigsten Messgrößen für alle, die im Garten tätig sind.
Es kann auch im Winter interessant sein, das Wetter anhand einer eigenen Wetterstation zu beobachten und Aufzeichnungen zu machen, also eine eigene Wetterchronik zu erstellen. Wichtige Informationen gibt ein **Maximum-Minimum-Thermometer**, das auf zwei Skalen die niedrigsten und höchsten Temperaturen anzeigt. Dieses mittels eines kleinen Daches und seitlichen Verstärkungen geschützte Thermometer sollte auf einem Pfahl frei im Garten aufgestellt werden, und zwar so, dass es nach Norden weist.
Für die Niederschlagsmessung nimmt man einen handelsüblichen **Regenmesser** aus Kunststoff; er wird ebenfalls senkrecht auf einem Pfahl befestigt und sollte frei stehen. Bei Frost besteht allerdings die Gefahr, dass der Kunststoffbehälter Risse bekommt und kaputtgeht.
Hilfreich ist zudem ein **Bodenthermometer**, mit dem man die Temperatur im Boden oder im Kompost messen kann. Die Bodentemperatur gibt Auskunft darüber, ab wann man im Freiland säen kann.

Die wichtigsten Standortfaktoren mit Auswirkung auf das Kleinklima

Höhenlage	
Temperatur	> Temperaturverlauf und Minimal- und Maximaltemperaturen
Niederschlag	> Regen > Tau > Schnee
Wind	
Luftströme	
Boden	> **Bodenart –** sandig, lehmig, tonig > **Bodenfeuchtigkeit –** trocken, feucht, frisch > **Boden-pH-Wert –** 1–14 (sauer, neutral, alkalisch) > **Boden –** Humusgehalt und Nährstoffgehalt

^ Mit der Terrassierung von Gelände lässt sich das Kleinklima etwas beeinflussen

Höhenlage

Die Höhenlage ist gegeben. Sie lässt sich allenfalls in kleinem Maßstab durch Anheben des Terrains beeinflussen.

Sonne

Sonnenlicht ist der grundlegende Faktor für jegliches Pflanzenwachstum. Das Klimageschehen setzt sich im Detail aus der Sonnenscheindauer, der Intensität der Sonneneinstrahlung und aus dem Stand der Sonne und damit dem Einfallswinkel zusammen.

- Sonnenscheindauer
- Intensität der Strahlung
- Sonnen- bzw. Lichteinfallswinkel

An Gartenstandorten herrschen je nach Pflanzenwuchs und Gebäuden sehr differenzierte Verhältnisse von vollsonnig über absonnig, lichtem Schatten, Gebäudeschatten, Halbschatten bis hin zu tiefem Schatten. Diese unterschiedlichen Bedingungen fallen auch im Winter ins Gewicht. Von besonderer Bedeutung ist die Beschattung für das Überwintern von Kübelpflanzen und für frostempfindliche Gewächse. Der Schattenwurf wird zudem durch die Neigung des Geländes beeinflusst: An einem Nordhang werfen Gebäude und Gehölze längere Schatten als an einem Südhang.

^ oben **Sonne und Schatten: Die Sonne wirft im Winter lange Schatten**

^ unten **An schattigen Stellen hält sich der Raureif lange**

Lichteinfallswinkel

Das Phänomen Einfallswinkel der Sonne lässt sich auf einem Hausgrundstück leicht beobachten. Im Mittsommer ist der Einfallswinkel so steil, dass auch die Gartenteile auf der Nordseite eines Hauses oder hinter einer Mauer bzw. Hecke noch direkt von der Sonne beschienen werden. Der Einfallswinkel nimmt von Mittsommer (Sommersonnenwende) bis Mittwinter (Wintersonnenwende) allmählich ab. Die Gartenareale hinter Haus oder Hecke werden dadurch immer schattiger und bekommen womöglich gar kein direktes Sonnenlicht mehr. An solchen Schattenplätzen wird es schnell ungemütlich und frostig; da wachsen auch die Wintergemüse nicht.

Solche der Sonne abgewandten Standorte haben jedoch den großen Vorteil, dass es hier nicht zu dem extremen Wechsel zwischen starker Sonneneinstrahlung und Erwärmung tagsüber und Abkühlung in der Nacht kommen kann. Hier sind die Temperaturen ausgeglichener, was für Kübelpflanzen günstig ist, und auch die Gefahr, dass der Frost die Töpfe sprengt, ist eher gering.

> Kübelpflanzen im Winter an einem Platz aufstellen, der nicht direkt von der Sonne beschienen ist

Temperatur

Frost ist ein starker Auslesefaktor für die Zusammensetzung der Gehölzarten an einem Standort. Nur frostharte Gewächse überstehen kalte mitteleuropäische Winter, in denen die Temperatur auf –30 °C und noch tiefer sinken kann. (Ich betrachte an dieser Stelle nur die Jetzt-Zeit, nicht Temperaturverläufe in der Vergangenheit und Zukunft. Allerdings verschieben sich in Zeiten des Klimawandels derzeit die Grenzen.) Dies ist einer der Hauptgründe, weshalb die Vegetation nördlich der Alpen ganz anders zusammengesetzt ist als südlich der Alpen, wo auch Gehölzarten gedeihen können, die tiefe Frostgrade nicht vertragen. Und auch nördlich der Alpen gibt es hinsichtlich der Temperatur große Unterschiede – beispielsweise mit mildem Weinbauklima im Neckar- und Rheintal und rauem Klima in den Alpen und an der Nordsee. (Die gegebenen Wintertemperaturen an einem Standort begrenzen die Ansiedlung von Gehölzarten und -sorten.)

^ Passender Standort für den Schwarzen Maulbeerbaum vor einer vor Nord- und Ostwind schützenden Mauer

Pflanzliche Strategie bei Frosttrocknis

Pflanzen verfügen über morphologische und physiologische Anpassungsstrategien an tiefe Temperaturen. Eine davon ist das Blatteinrollen bei Immergrünen, beispielsweise bei Rhododendron oder Henrys Geißblatt. Eigentlich dient diese Strategie dazu, die Verdunstung zu reduzieren. Die Immergrünen verdunsten auch im Winter Feuchtigkeit. Bei gefrorenem Boden können ihre Wurzeln jedoch kein Wasser aufnehmen; die Pflanzen leiden dann unter Wassermangel. Dieses Phänomen wird als Frosttrocknis bezeichnet. Rhododendren setzen durch Einrollen der Blätter und damit durch Oberflächenverkleinerung die Verdunstung herab und schützen sich so vor Frostschäden.

Südlich der Alpen sind Palmen Freilandpflanzen, nördlich der Alpen werden sie üblicherweise in Kübeln kultiviert, um sie über den Winter an einem geschützten Ort aufstellen zu können. Ausnahmen gibt es: In sehr milden Klimalagen wie beispielsweise am Bodensee, im Markgräflerland südlich von Freiburg oder an der Bergstraße (mit Heidelberg und Weinheim) halten sich Palmen und Feigen im Freiland. Manche Gewächse wie etwa Rosmarin oder Oleander sind nicht eindeutig als Kübelpflanze oder als Freilandpflanze einzuordnen. Im Rhonetal in Frankreich wächst Oleander beispielsweise als Begleitgrün entlang der Autobahn Richtung Süden.

Winterhärtezonen

Mitteleuropäische Gartenbesitzer tun trotz einer sich abzeichnenden Klimaveränderung nach wie vor gut daran, Freilandpflanzen (Arten und Sorten, beispielsweise von Rosen) nach ihrer Frosthärte auszuwählen. (In guten Baumschulkatalogen ist für jede Gehölzart die Winterhärtezone angegeben.) Das gilt vor allem für kühle Mittelgebirgs- und Gebirgsregionen. Frosthärte ist aber nicht absolut, sondern relativ; sie hängt von weiteren Faktoren wie Wind, Luft- und Bodenfeuchtigkeit ab. So kann die frostempfindliche Schwarze Maulbeere im Schutz von Mauern auch in einer kalten Region überdauern.

Bei den einheimischen Gehölzarten kann man davon ausgehen, dass sie tiefe Fröste vertragen, sonst wären sie nicht da.

Stark wechselnde Temperaturen

Es kommt aber nicht nur auf die absolute Temperatur an, sondern auch auf den Wechsel der Temperaturen. Zum Ende des Winters hin herrschen häufig starke

Unterschiede zwischen Tag- und Nachttemperatur, auch bedingt durch starke Sonneneinstrahlung tagsüber. Dieser starke Temperaturwechsel macht Gehölzen, Kübelpflanzen und allgemein Pflanzen, die an sonnigen Plätzen vor Gebäuden stehen, wie beispielsweise Rosen oder Spalierobst, stark zu schaffen. Dies kann zu Rindenschäden und im schlimmsten Fall sogar zum Absterben der Pflanze führen. Dunkle Materialien absorbieren Sonnenstrahlen und bewirken, dass sich Topf und Topfinhalt aufheizen. Helle Materialien reflektieren das Licht und sind deshalb besser geeignet. Der Effekt ist im Winter der gleiche wie im Sommer.
Bei Baumstämmen kann man einem heftigen Temperaturwechsel und damit einem möglichen Platzen der Rinde durch einen hellen Stammanstrich oder durch Ummantelung begegnen.

Niederschläge – Regen, Tau, Schnee

Die Höhe der Niederschläge ist ebenfalls ein wichtiger Klimafaktor. Es macht einen Unterschied, ob der Garten in einem niederschlagsreichen oder -armen Gebiet liegt und wie die Niederschläge übers Jahr verteilt sind. Deshalb sollte auch die Pflanzenauswahl dem Niederschlag am Standort entsprechend erfolgen. Für Regionen mit wenig Niederschlägen (und damit in der Regel trockeneren Böden) eignen sich andere Pflanzenarten als für feuchtere Regionen an den Küsten oder im Voralpenraum. Im Winter gibt es mehr Niederschlag als im Sommer. In den zurückliegenden Jahren mit trockenen Sommern sorgten die Winterniederschläge für einen gewissen Ausgleich, allerdings reichten sie nicht aus, um das Reservoir im Boden wieder aufzufüllen. Im Garten lässt sich bis zu einem gewissen Grad durch Wässern Ausgleich schaffen.

Nebel, Nebellagen

Bekannte Nebellagen sind der Bodensee, die Donauniederung und allgemein Täler. Nebeltage gehören mit zum Winter, sie schlagen oft aufs Gemüt. Umso erhebender ist das Gefühl, wenn die Nebel steigen und das Sonnenlicht allmählich durchdringt.

< Winterniederschläge sind wichtig, um das Feuchtigkeitsreservoir im Boden aufzufüllen

^ Nebel sorgt an Herbst- und Wintertagen für besondere Stimmung im Garten

Wind

Den Faktor Wind darf man bei einem Gartenstandort nicht unterschätzen.

Eine hohe «Windhöffigkeit» ist ein Standortvorteil für Windkraftanlagen, nicht jedoch für Nutzpflanzen. An der Küste herrschen andere Windverhältnisse als im Binnenland und im Gebirge. Bis zu einem gewissen Grad lässt sich der Wind abhalten – durch Anlage von Windschutzhecken, -zäunen oder -mauern. Die «Knicks» in Schleswig-Holstein sind bekannte Beispiele für die Windbrechung durch Gehölze. Auch in anderen Küstenregionen und im Gebirge setzen Landnutzer starken Winden Mauern, Hecken oder Gehölzstreifen entgegen. Gehölze ihrerseits reagieren auf fortwährend starke Winde mit Verformung: Sie drehen sich weg von der Hauptwindrichtung.

Auf Hausgrundstücken bieten Mauern und Hecken Schutz vor Wind, Frost und Schneeverwehungen. Dabei sind etwas durchlässige Hecken günstiger als mauerartige Thujahecken. An windgeschützten Plätzen gedeihen wärmeliebende, empfindliche Kulturpflanzen wie beispielsweise Weinrebe, Pfirsich oder Schwarze Maulbeere gut. Windschutz kann man auch durch das Tieferlegen einzelner Gartenteile erreichen, indem man beispielsweise ein Kraterbeet oder Senkbeet anlegt.

Luftströme

Es ist nicht nur der Wind, sondern es sind auch die Luftströme, die über ein Grundstück streichen. Kaltluft strömt/fließt nach unten, so entstehen Kaltluftsenken.

Winde und Luftströme ergeben sich – neben anderen Faktoren – aus der Exposition des Geländes, der Hangneigung und der Ausrichtung nach den Himmelsrichtungen. Dementsprechend gibt es Nebellagen oder Kaltluftlöcher. Die Bodenseeregion und die Donauniederung beispielsweise sind für ihre Nebeltage bekannt. Vor allem im Herbst tritt dieses Phänomen häufig auf, das einerseits für malerische Impressionen, andererseits aber auch für Lichtmangel sorgt. Den Herbstnebel muss man hinnehmen; doch gegen Kaltluftströme lässt sich bedingt etwas unternehmen, indem man Kaltluft mithilfe von Mauern, dichten Hecken oder anderen Bauwerken ableitet.

^ Ein frei stehendes Spalier ist von allen Seiten zugänglich

> Die Mauer wirkt wie eine Wärmefalle, sodass wärmeliebende Obstarten und -sorten gut gedeihen

Gestalterische Aspekte

Ob die Gestaltung eines Gartens gelungen ist, zeigt sich besonders im Winter. Unverhüllt vom Pflanzenkleid treten auf einmal Strukturen hervor: das Astwerk der frei wachsenden Gehölze, die linienhaften Formationen von Mauern, Beetbegrenzungen und Formschnitthecken sowie die statischen Elemente der Formschnittfiguren. Wintergrüne Stauden und Gehölze werden wichtig. Reizvoll sind besonders von Raureif und Schnee verzauberte Pflanzen.

Wer bereits bei der Anlage seines Gartens eine gestalterische Grundidee entwickelt, dabei auch den Winter in seine Überlegungen miteinbezieht und entsprechend plant und pflanzt, der bereitet für spätere Jahre reizvolle Szenerien vor.

Die Ausgangssituationen von Gärten sind sehr unterschiedlich. An dieser Stelle bleibt mir nur, allgemeine Überlegungen und Gestaltungsregeln anzuführen, die jeder private Gartenbesitzer für seine spezielle Situation vor Ort beherzigen kann (aber nicht muss). Mir kommt es vor allem darauf an, die Gehölze und Stauden, die uns im Winter durch ihre Schönheit erfreuen, mit ihren vielen Facetten vorzustellen.

< Formen und Farben der Stauden und Gehölze – Herbst-Fetthenne, Immergrüne Schleifenblume und Kriechspindel – kommen im Winter besonders zur Geltung

Allgemeine Gartengestaltungsprinzipien

Ein wichtiges gestalterisches Grundprinzip ist Einheitlichkeit. Das gilt für das Grundgerüst an Gehölzen genauso wie für die baulichen Materialien, also für Einfriedungen und Beläge von Wegen und Plätzen, die möglichst aus einheitlichem Material oder zumindest aus einheitlich gefärbtem Material bestehen sollten. Aus Gründen der Einheitlichkeit sollten Materialien und Farben von Bauwerken im Garten auf das Hauptgebäude – in der Regel das Wohnhaus – abgestimmt sein. Eine weitere wichtige Grundregel lautet: Für Formschnitthecken und Formschnittfiguren sollte man nur eine Gehölzart und -sorte wählen und buntlaubige Sorten nur zurückhaltend einsetzen.

Vor einem einheitlichen Grundgerüst kommen die besonderen Formen und Färbungen von Solitärgehölzen viel besser zur Geltung als vor einem Sammelsurium aus verschiedenen Gehölzarten und -sorten.

Bei den Solitärpflanzen rate ich ebenfalls zu Beschränkung, vor allem bei solchen, die durch ihren Fruchtschmuck, durch besondere Gestalt oder durch ihre Blattform und -farbe auf sich aufmerksam machen. In einem überschaubaren Gartenraum ist es daher am besten, sich auf einen Zierapfel bzw. auf ein Fruchtschmuckgehölz zu beschränken oder bei den Blattschmuckpflanzen nur eine Kriechspindel-Sorte zu wählen.

Unbenommen ist selbstverständlich, Sammlungen anzulegen, beispielsweise von Rosen mit besonderen Hagebutten oder von Zaubernuss-Sorten, so wie es in botanischen Gärten praktiziert wird. Doch für solch einen botanischen Garten im Kleinformat sollte eine einigermaßen große Fläche vorhanden sein, sodass die einzelnen Gewächse einander nicht bedrängen und jeweils für sich zur Geltung kommen können.

^ Staudengräser wie das Reitgras haben im Herbst ihren großen Auftritt

Gestalterische Eignung der Gehölzarten

Bei dem großen Angebot an Gehölzarten und -sorten, das man in Baumschulen findet, kann man als Gartenanfänger leicht den Überblick verlieren. Noch mehr verwirrt, dass in den Katalogen von Pflanzenversendern sehr viele Sonderformen abgebildet werden und zum Kauf reizen. Die Basisgehölze, die nicht so viele visuelle Reize bieten, treten da in den Hintergrund. Aber gerade solche gleichförmig wachsenden Gehölze mit etwas langweiligem Charakter eignen sich sehr gut für die Grundbepflanzung. Ich denke da an Eiben, Liguster und Hainbuchen.

Unabhängig von der botanischen Einteilung lassen sich Gehölze nach der Verwendung gruppieren, was für die Gartengestaltung relevant ist: Es gibt Gehölzarten, die sich speziell für Formschnitt, für Hecken, für Einzelstand, als Bodendecker usw. eignen. Typische Formschnittgehölze mit sehr guter einheitlicher Wirkung im Winter sind die bereits erwähnten Gehölze Hainbuche, Liguster, Buchsbaum und Eibe.

Kunden von Baumschulen müssen sich für ihre Gestaltungswünsche zudem noch Gedanken über die Wuchs- und Erziehungsformen der Gehölze machen. Diese wachsen je nach Art natürlicherweise als Strauch oder Baum, wobei es auch Übergangsformen gibt. Baumschulen bieten außerdem von eigentlich strauchförmig wachsenden Gehölzarten besondere Erziehungsformen an; so gibt es beispielsweise von der Lorbeerkirsche oder von der Kornelkirsche Hochstämme mit hoch angesetzten Kronen. Das kann für gestalterische Zwecke im Winter ganz reizvoll sein.

< Die Hainbuche behält bis weit in den Winter hinein ihre Blätter und gibt deshalb guten Sichtschutz

^ Hainbuchen lassen sich an einem Gerüst zu solchen Laubengängen heranziehen

Bepflanzung nach der Sonne ausrichten

Ebenso wie Wohngebäude sollte sich auch die Bepflanzung nach der Sonneneinstrahlung bzw. nach der Beschattung richten. Konkret heißt dies, dass man die bereits bestehenden Wohnhäuser und anderen Gebäude sowie hohe Bäume auf den Nachbargrundstücken mit in die Planung einbeziehen muss bzw. dass man vorausschauend überlegen sollte, welchen Einfluss zukünftige Neubauten und aufwachsende Gehölze in der Nachbarschaft haben könnten. (In Bebauungsplänen deshalb nach den Baufenstern auf nicht bebauten Nachbargrundstücken schauen.) Konkret muss man genau abschätzen, wie die Bauwerke und die Gehölze auf den Nachbargrundstücken im Tages- und Jahresverlauf Schatten werfen. Da ist Vorstellungsvermögen gefragt!

Ein Beispiel in meiner Nachbarschaft führt mir ständig vor Augen, wie wichtig eine sorgfältige Planung und ein gutes Zusammenspiel von Architektur und Bepflanzung sind. Da steht eine hochgewachsene Thujahecke nur etwa zwei Meter entfernt vom Wohnzimmer mit deckenhohen Fenstern. Im Mittwinter steht die Sonne so tief, dass die Hecke die Fenster um die Mittagszeit zur Hälfte verschattet. Der im Sommer durchaus erwünschte Schatten stellt sich im Winter als Nachteil heraus.

Wer Formschnitthecken anlegen möchte, sollte sich also von vorneherein bewusst machen, wie diese sich sommers wie winters in ausgewachsenem Zustand auf die Belichtung im Garten und den Lichteinfall im Haus auswirken werden.

^ Gehölze sollte man so auswählen, dass sie Gebäude möglichst wenig beschatten

> Sträucher, die am Weg zum Haus stehen und ins Auge fallen, mit Bedacht auswählen

Zugang vom Garten ins Haus

Wer intensiv mit seinem Garten lebt, für den ist die Verbindung zwischen drinnen und draußen sehr wichtig. Der Garten sollte direkt von der Küche aus oder über einen Nebeneingang zugänglich sein und nicht erst um mehrere Ecken über den Hausflur oder das Wohnzimmer.

Bei direktem Zugang gelangt man schnell in den Garten, um Gemüse zu ernten oder Kräuter zu schneiden. Gerade im Winter bei Regen, Kälte oder Schnee ist das ein nicht zu unterschätzender Aspekt. Über einen solchen direkten Zugang könnte zum Beispiel auch Brennholz ins Haus geschafft werden. Im Windfang oder Flur finden Körbe, Kisten, Kleidungsstücke inklusive Schuhe und Utensilien, die man in einem gartenorientierten Haushalt ständig braucht, ihren regensicheren Platz.

Naturschutz

Ein Garten ist Teil der umgebenden Stadt- und Kulturlandschaft. In Zeiten von ausgeräumten Landschaften, in denen die Zahl der Insekten und Vögel drastisch zurückgeht, nehmen Gärten zunehmend eine wichtige Funktion ein. Jeder Gartenbesitzer hat es hier in der Hand, etwas für die Artenvielfalt zu tun, indem er eine Vielzahl von Pflanzen in seinem Garten wachsen lässt (damit sind nicht Sonderformen von Ziergehölzen gemeint, siehe oben), darunter auch Wildpflanzen, und damit gleichzeitig Tieren Futter und Lebensraum inklusive Tarnung und Deckung anbietet. Dann werden mit einiger Sicherheit Insekten, Vögel und Kleinsäuger ihren Weg in den Garten von allein finden. Die unterschiedlichsten Mikrostandorte, die ein tierfreundlicher Garten bietet, machen es möglich. Oft besteht die Kunst einfach darin, etwas nicht zu tun, nicht alles abzuschneiden und abzuräumen, sondern es einfach unaufgeräumt zu lassen – so wie in Gebüschen und Wäldern in der freien Natur, wo Laub, abgestorbene Äste usw. ebenfalls liegen bleiben.

< Fruchttragende Gehölze liefern Vögeln das nötige Winterfutter

Holz- und Reisighaufen anbieten

Um Tiere anzulocken, bieten sich im Garten vielerlei Möglichkeiten, beispielsweise indem man Haufen aus Steinen, Holz und Reisig aufschichtet. Dies ist ein einfaches Mittel, mit Material, das sowieso schon im Garten vorhanden ist, Tieren einen Unterschlupf für den Winter anzubieten. Igel, Spitzmäuse, Amphibien und Insekten finden hier ein ideales Winterquartier. Und bei uns überwinternde Vögel wie beispielsweise Rotkehlchen und Zaunkönig finden im Reisig einen geschützten Schlafplatz.

Ein günstiger Platz für einen solchen Haufen ist in einer ruhigen Gartenecke. Im Prinzip kann hier ein Teil oder sogar das gesamte organische Abfallmaterial aus dem Garten gesammelt werden. Das geht so nebenbei. Beispielsweise lassen sich über einem Unterbau aus Holzstämmen und dickeren Ästen Gehölzschnitt, Laub und Staudenstängel aufschichten. Feldsteine, Ziegel und Steinbrocken aller Art können auch mit eingebaut beziehungsweise zu einem separaten Haufen aufgeschichtet werden. Man sollte nur darauf achten, dass zwischen dem Material Hohlräume entstehen. Dann werden sich bald Tierarten einfinden, die als Lebensraum Höhlen benötigen.

< In solchen Steinhaufen finden Kleinsäuger und Reptilien Unterschlupf

Als ich mit dem Schreiben dieses Buches begann, wusste ich noch nicht, was mich in diesem Winter erwartet. In meinem Garten gibt es unter dem Gebüsch und unter diversen Platten und Dachziegellagern viele potenzielle Lebensräume für Kleinsäuger. Und sie werden auch angenommen! Von Igeln sowieso. Doch in diesem Jahr zeigte sich erstmals ein Hermelin! Ich war ganz beglückt, als ich dieses wunderschöne Tier mit weißem Fell und brauner Schwanzspitze kurz erblickte. Leider war es gleich wieder weg und verschwand unter einem frei wachsenden Buchsbaumbusch.

^ Ein Holzlagerplatz bietet Tieren Lebensraum

> Im Gartenteich ist Ruhe eingekehrt

Nisthilfen für Insekten

Der Bestand an Insekten geht seit Jahrzehnten zurück. Dabei kommt es nicht nur zu einem dramatischen Artenschwund, sondern auch die Zahl an Individuen geht stark zurück. Als wichtigste Verursacher sind zu nennen: der Verlust von natürlichen Lebensräumen in der Kultur- und Stadtlandschaft und der Einsatz von Pestiziden – daneben spielen auch noch andere Ursachen eine Rolle wie möglicherweise elektromagnetische Strahlung. Dem können wir im Garten ein wenig entgegensetzen, beispielsweise indem wir Nisthilfen für Insekten anbringen. Wegen der äußerst unterschiedlichen Lebensräume vieler Insektenarten ist es wichtig, die verschiedensten Materialien für solche Insektenhotels zu verwenden. Mit einem Sammelsurium von Holz, Astwerk, Lehm, Staudenstängeln, Stroh, Ziegeln, Steinen usw. lassen sich spezifische Nist- und Überwinterungshilfen für viele Insektenarten bauen.

Am besten stellen Sie diese Insektenhotels selbst aus Fundstücken im Garten oder im Siedlungsraum her – eine kreative Arbeit, die Spaß macht und so gut wie nichts kostet.

< Luxuriöses Insektenhotel mit Ziegeln, Mauersteinen und Hölzern

> An der Futterstelle tummeln sich Meisen und Co. und bedienen sich an Talg und Sonnenblumenkernen

Futterplätze für Vögel

Mit zum Schönsten im Gartenwinter gehört das Beobachten unserer heimischen Vogelwelt. Die Vögel finden sich in Naturgärten, in denen Laub, abgeblühte Pflanzenreste und Ähnliches vorhanden sind, ganz von allein ein. In aufgeräumten Gärten muss man mit dem Aufstellen von Vogelhäuschen nachhelfen. Spätestens wenn der erste Frost einsetzt, beginnt die Fütterphase mit Sonnenblumenkernen, Meisenringen und Talg. Unter Umständen kann man Sonnenblumen günstig in großen Gebinden als sogenannte Futtersonnenblumen beziehen.

Es ist eine Freude zu beobachten, wie Meisen, Kleiber, Rotkehlchen, Buchfinken und andere Überwinterungsgäste die Futterstellen anfliegen. Da könnte man stundenlang am Fenster sitzen und einfach nur zuschauen.

Früher herrschte in Naturschutzkreisen die Grundeinstellung, dass man sich mit dem Vogelfüttern eher zurückhalten und frühestens bei geschlossener Schneedecke damit beginnen sollte. Ein Grund dafür war, dass die Vögel ihren Hunger nicht an Fertigfutter stillen, sondern sich als nützliche Schädlingsvertilger betätigen sollten. Doch heute ist die Situation anders. Da es in der Feldflur und in den Siedlungsräumen mittlerweile zu wenig Futter für die Vögel gibt, sollte man immer zufüttern. Der bekannte Ornithologe und Verhaltensforscher Prof. Dr. Peter Berthold rät sehr dazu, Vögel das ganze Jahr über zu füttern.

Achten Sie darauf, dass die Futterstelle ausreichend vor Katzen und anderen Räubern gesichert ist, indem Sie beispielsweise um den Pfahl, auf dem das Vogelhäuschen steht, eine Manschette anbringen oder dornige Zweige darum auslegen.

Winterliche Bienenweide

Wer sich dem Bienenschutz verschrieben hat, möchte den Insekten möglichst das ganze Jahr über Futter anbieten. Im November und Dezember liefert der Efeu den Bienen noch Nahrung, eventuell auch die Nachblüte einiger spät blühender Gehölze wie Purpurbeere oder Heidekraut. Bei einigen Stauden, vor allem bei den Herbstastern, zieht sich in einem milden Herbst die Blüte ebenfalls bis in den November hinein. Im Januar und Februar dagegen gibt es nur wenig Blühendes, doch einige Stauden und Gehölze öffnen ihre Blüten bereits im Winter, beispielsweise die Sal-Weide und Krokusse – auch zur Freude der Betrachter, die sich in der Wintertristesse nach Farbe sehnen. Im Gehölz- und Staudenkapitel stelle ich die winterblühenden Arten ausführlich vor (siehe Seiten 94, 144 und 147).

^ Meisenringe locken die Singvögel nah ans Haus

< Amseln plündern die Früchte der Stechpalmen spätestens bis Weihnachten

> Efeu blüht bis in den Dezember hinein und ist deswegen eine hervorragende Bienenweide

INSEKTENWEIDEPFLANZEN IN DEN WINTERMONATEN — GEHÖLZE UND STAUDEN

	Gehölze	Stauden
November	> Heidekraut *(Calluna vulgaris)* > Efeu *(Hedera helix)* > Bastard-Korallenbeere *(Symphoricarpos × chenaultii)*	> Erika-Aster *(Aster ericoides)* > Raublatt-Aster, späte Sorten (*Aster novae-angliae* 'Barr's Blue' und andere) > Chinesische Bleiwurz *(Ceratostigma plumbaginoides)*
Dezember	> Efeu *(Hedera helix)*	> Stinkende Nieswurz *(Helleborus foetidus)* > Christrose *(Helleborus niger)*
Januar	> Haselnuss *(Corylus avellana)* > Schnee-Heide *(Erica carnea)*	> Kaukasische Gänsekresse *(Arabis caucasica)* an geschützten Plätzen > Blaukissen *(Aubrieta)* an geschützten Plätzen > Winterling *(Eranthis hyemalis)* > Stinkende Nieswurz *(Helleborus foetidus)* > Christrose *(Helleborus niger)*
Februar	> Kornelkirsche *(Cornus mas)* > Haselnuss *(Corylus avellana)* > Schnee-Heide *(Erica carnea)* > Weiden (*Salix*-Arten)	> Ungarische Gänsekresse *(Arabis procurrens)* > Blaukissen *(Aubrieta)* > Vorfrühlings-Krokus *(Crocus chrysanthus)* > Elfen-Krokus *(Crocus tommasinianus)* > Winterling *(Eranthis hyemalis)* > Schneeglöckchen *(Galanthus nivalis)* > Stinkende Nieswurz *(Helleborus foetidus)* > Christrose *(Helleborus niger)* > Orientalische Christrose, Lenzrose (*Helleborus orientalis* subsp. *orientalis*) > Märzenbecher *(Leucojum vernum)*

> Erika-Aster und Raublatt-Aster, Stinkende Nieswurz, Efeu, Blaukissen

Nutzen und Schmuck für Haus und Küche

Ein Garten, in dem auch die kalte Jahreszeit eine wichtige Rolle spielt, liefert zugleich viel Nützliches für Haus und Küche, Florales für winterlichen und weihnachtlichen Schmuck ums Haus und im Haus, außerdem Nahrhaftes für die Küche. Weitgehende Selbstversorgung ist auch im Winter direkt aus dem Garten möglich, vor allem, wenn ein Kleingewächshaus oder ein Frühbeet zur Verfügung stehen. Zusätzlich bietet der Garten Rohstoffe zum Heizen und Materialien zum Dekorieren.

< Die dekorativen Halbsträucher Garten-Salbei 'Berggarten' und Lavendel bleiben im Winter grün

Naturschmuck aus dem Garten

Ein vielfältiger Garten hat auch im Winter viel Schmückendes zu bieten, das man zum Dekorieren nehmen kann. Äste und Zweige, Abgeblühtes, Verdorrtes und Fruchtstände von Stauden inklusive der Gräser und von Gehölzen. Ich denke an Stechpalmenzweige mit glänzenden immergrünen Blättern und roten Beeren, an die rotrindigen Zweige des Hartriegels, an Fruchtstände der Wilden Karde, an Tannenzweige mit Zapfen, an die Ranken der Wilden Waldrebe und vieles mehr.
Der eigene Garten stellt Naturmaterialien für Advents- und Weihnachtsschmuck bereit – ressourcenschonend ganz ohne Einkaufstrubel und Verpackungsmüll. Ein üppiger Strauß mit Zweigen von Stechpalme, Buchsbaum, Kirschlorbeer und Fichte macht schon viel her. Glänzendes Grün und leuchtendes Rot!
Oder ganz schlicht: In einem großen Topf oder Korb die Zapfen von Tannen, Fichten und Kiefern sammeln, die man im Garten oder unterwegs findet – einfach zum Anschauen oder als Vorratslager fürs Anfeuern im Kamin.

Barbarazweige

Von Kältereiz und Wärmereiz

Im Spätherbst und Winter wirkt Kälte auf die Pflanzen ein. Dieser Kältereiz, der in der Obstbau-Fachsprache Chilling heißt, ist nötig, damit Gehölze in der Lage sind, auszutreiben und zu blühen. Für den Austrieb selbst benötigen die Gehölze einen Wärmereiz (Forcing).

Diesen Zusammenhang nutzt man schon seit Langem beim Aufstellen von Barbarazweigen im warmen Zimmer. Zweige von Kirschen oder Forsythien, die man am Barbaratag, dem 4. Dezember, ins Zimmer stellt, beginnen an Weihnachten zu blühen.

Für den professionellen Obstbau sind diese Zusammenhänge relevant und werden wissenschaftlich untersucht.

Es ist ein alter Brauch, am Namenstag der Heiligen Barbara, am 4. Dezember, Zweige von Blütengehölzen ins Haus zu holen und in eine Vase zu stellen. An den Zweigen öffnen sich etwa bis Weihnachten die Blüten und bringen so Farbe in die dunkle Jahreszeit. Traditionell werden dafür Zweige von Kirsche und Apfel verwendet. Der ideale Lieferant für Barbarazweige ist allerdings die Forsythie, ein Ziergehölz, das aus Asien stammt. Forsythien liefern den ganzen Winter über Schmuck, auch für große Bodenvasen – kostenlos direkt aus dem eigenen Garten.

Die Forsythienzweige ziehen in der Vase häufig Wurzeln. Diese bewurzelten Stecklinge können im Frühjahr in den Garten ausgepflanzt werden, wo sie zu neuen Sträuchern heranwachsen.

< Schlichte weihnachtliche Dekoration mit Buchsbaum, Stechpalme, Kiefernzapfen und Petersilie!

> Ab dem Barbaratag am 4. Dezember kann man Zweige von Blütengehölzen im Zimmer zum Blühen bringen

Florale Kränze

Naturmaterialien liefern auch Ideen für einfache florale Kränze, für die man nur wenige Utensilien und außer einer Gartenschere kaum Werkzeug braucht – das Richtige für Menschen, die mit der Natur leben und nichts Überflüssiges haben wollen, auch nicht den üblichen floristischen Schnickschnack.

Am einfachsten ist es, wenn man die Triebe oder Äste nur ineinanderschlingt. Dafür eignen sich im Herbst die lianenartigen Triebe der Wilden Waldrebe hervorragend. Als Schmuck tragen sie auffallende fedrige Samenstände. Die Kränze ergeben einen dekorativen, natürlich anmutenden Türschmuck für Herbst und Winter. Schlingen Sie die Kränze, solange die Triebe geschmeidig sind.

Auch für kleine Hagebuttenkränzchen braucht man keine zusätzlichen Hilfsmittel; allerdings sollte man sich wegen der Stacheln mit Handschuhen wappnen. Die Hagebutten tragenden Ästchen lassen sich ineinanderschlingen und bleiben in sich stabil – ein hübscher Tischschmuck für den Herbst und die Vorweihnachtszeit.

Für etwas aufwendigere Türkränze oder Adventskränze nimmt man als ringförmige Grundlage fertige Stroh- oder Weidenkränze und befestigt das florale Beiwerk mit Bindedraht darum herum. Als Bindematerial eignen sich kleine Zweige von Buchs, Scheinzypresse, Thuja, Fichte, Tanne beziehungsweise Nordmann-Tanne und Wacholder. Gut sehen auch die dornigen Ästchen von Schlehen samt ihren blauschwarzen, bereiften Früchten aus. Zapfen, Nüsse, Aststückchen und Ähnliches können angedrahtet dazwischengesteckt werden.

Holz verwerten

In älteren Gärten mit vielen Gehölzen fällt vom Zurückschneiden beziehungsweise Fällen relativ viel Holz an, das sich für kleinere Bauten im Garten oder zum Heizen nutzen lässt.

Bei mir liefert Rückschnitt der Haselnusssträucher jedes Jahr einiges an Holz, das ich zum Anschüren und Verfeuern im Kaminofen nutze. Auch von anderen Gehölzen fällt immer mal wieder dürres Holz zum Heizen an. Holziges Material lässt sich auch zum Aufbau eines Hochbeets oder Hügelbeets verwenden. Es kann sowohl als Umrahmung, aber auch als Füllung dienen, wobei es den Kern des Hochbeets bildet. Darüber kommen die Schichten aus feinerem Material. Wenn dieses verrottet, sackt der Hochbeetinhalt zusammen. Dann muss nachgefüllt oder neu aufgebaut werden.

Gerade gewachsene Äste wie die von Haselnusssträuchern kann man gut auch zum Aufbau eines Zaunes nehmen; außerdem eignen sie sich als Stützstäbe für Stauden oder als Bohnenstangen.

< oben Farbtupfer im Topf: Torfmyrte mit Beiwerk

< unten Die Fruchtstände der Wilden Waldrebe fallen auf; in natura oder locker zum Kranz geflochten

v Äste lassen sich immer irgendwie verwerten, wie hier kreativ mit Weidenzweigen zu einem Zaun verbinden

Fichtenreisig und Laub zum Abdecken

Manche empfindlichen Pflanzen sowie frisch gesetzte Stauden und Gehölze brauchen einen speziellen Winterschutz, vor allem Schutz vor Sonneneinstrahlung bei stark wechselnden Tag-Nacht-Temperaturen. Dafür bieten sich Zweige von Nadelgehölzen aus dem eigenen Garten an. Es reicht, wenn man sie erst nach der Weihnachtszeit auflegt und die Zweige von der Weihnachtsdekoration verwendet.

Viele Gartenbesitzer packen Rosen und andere Ziergehölze bereits beim Abräumen im Spätherbst mit Jute oder anderem Material ein. Das ist jedoch nicht nötig, denn mit extrem tiefen Temperaturen ist im Spätherbst und Frühwinter bis etwa zur Weihnachtszeit noch nicht zu rechnen, ebenso wenig mit starkem Temperaturwechsel zwischen Tag und Nacht. Normalerweise ist Schutz erst im Lauf des Januars nötig, wenn Kahlfröste drohen. In milden Klimazonen kommt man unter Umständen ganz ohne aus, so war im milden Winter 2019/2020 Frostschutz in den meisten Lagen überflüssig.

Ernte direkt aus dem Garten

Der Garten bietet im Spätherbst und Frühwinter noch viel Essbares – Kulturgemüse kann direkt vom Beet oder aus dem Frühbeet beziehungsweise Gewächshaus geholt werden (siehe Gemüse-Kapitel Seite 151), außerdem robuste Küchenkräuter, die im Winter grün bleiben wie beispielsweise Sauerampfer, Garten-Thymian, Garten-Salbei, und auch viele Wildgemüse. Diese kann man auch in Töpfe pflanzen und dicht neben das Haus stellen, um bei schlechter Witterung nicht in den Garten zu müssen.

Und nicht zu vergessen: Anfang des Winters ist ohnehin Erntezeit für Hagebutten, Mispeln, Schlehenfrüchte und Sanddornbeeren, die allesamt nach dem ersten Frost erst richtig schmecken.

Recyclingstation

Der Garten bietet auch die Möglichkeit, organisches Material aus dem Haushalt zu recyceln, indem man Kompost daraus bereitet. Geben Sie deshalb Kaffeesatz, Apfelschalen, den Inhalt von Blumenkästen usw. in den Kompost statt in die braune Tonne. So haben Sie weniger Abfall, dafür aber hausgemachten Dünger zur Verfügung.

Der Kompostplatz sollte gut erreichbar sein, auch bei schlechtem Wetter. Damit der Kompost nicht zu nass wird, empfiehlt es sich, den Haufen oder den Behälter abzudecken. Ein geschlossener Behälter ist da günstig. Wer auf Ästhetik Wert legt, wird die Kompostecke mit niedrigen Sträuchern oder baulichen Elementen umgeben und so den Blicken entziehen.

< links Fichtenzweige bieten vor allem im Spätwinter Schutz vor stark wechselnden Temperaturen

< rechts Essbare Hagebutten bleiben bis weit in den Winter hinein an den Rosensträuchern haften

^ oben Sanddornsträucher liefern reichlich Vitamin-C-haltige Beeren

^ Mitte Schlehenfrüchte werden nach dem ersten Frost erst genießbar. Herb bleiben sie auch danach

> unten Ressourcen schonen: organische Abfälle aus dem Haus sammeln und zu wertvollem Dünger aufbereiten

Spezieller Teil

Gehölze

Ein Garten ohne Gehölze ist kaum vorstellbar. Bäume und Sträucher geben einem Garten sein Gerüst, seine innere Struktur. Sie sind Gestaltungselemente nach innen und außen und verbessern noch dazu den Wohnwert, indem sie beispielsweise Sicht- und Windschutz bieten. Sie bestimmen – neben den architektonischen Elementen – das Erscheinungsbild eines Gartens im Sommer wie im Winter. Umso wichtiger ist es, jede einzelne Gehölzart mit Bedacht und dem Standort entsprechend auszuwählen.

Im Winter fallen immergrüne und Früchte tragende Arten besonders auf, ebenso wie die Winterblüher. Bäume und Sträucher wirken aber auch unbelaubt durch ihre Gestalt, ihren Stamm und ihr Geäst. So ist der winterliche Garten immer eine Gesamtkomposition aus Laub abwerfenden und immergrünen Laub- und Nadelgehölzen.

< Die Grundstruktur eines Gartens mit Gehölzen tritt im Winter besonders hervor

Architektonische Grundstruktur mit Gehölzen

Gehölze gliedern den Garten auf vielfältigste Weise – in Form von Hecken (frei wachsend oder geschnitten), von Gehölzgruppen und Solitärgehölzen. Bei durchdachter Planung (gegebenenfalls mithilfe von Profis) entstehen im Zusammenspiel mit der Architektur stimmige harmonische Gestaltungen. Die Qualität einer Gestaltung zeigt sich tatsächlich im Winter, wenn kaschierendes Blattwerk und Blütenschmuck wegfallen, deutlicher als im Sommer.

Bei der Auswahl der Gehölze und bei ihrer möglichen Anordnung im Raum gibt es so viele Möglichkeiten, dass es schwerfällt, sich festzulegen. Ob natürlich oder gekünstelt mit Formschnitt, ist eine Grundentscheidung. Es ist aber auch denkbar, einen formal gestalteten Gartenteil mit Formschnitthecken als «Garten im Garten» in die Gesamtplanung einzubinden. Besitzer größerer Gärten entscheiden sich häufig für diese Variante. Wie auch immer, ob naturhaft und organisch oder formal – der Gestaltungsstil sollte auf die Architektur abgestimmt werden, aber auch auf die Umgebung, auf die Bepflanzung in Nachbargärten und auf die Landschaft. Im Idealfall bilden nebeneinander liegende Gärten durch eine ähnliche Gehölzwahl eine zusammenhängende Parklandschaft. Die

^ Mit niedrigen Hochstämmchen lassen sich schmale Zugänge zum Haus wirkungsvoll gestalten

< Vorgartengestaltung mit niedrigem Spierstrauch im Vordergrund

verfügbare Zeit der Gartenbesitzer für die spätere Gartenpflege bestimmen die Gestaltung und Gehölzauswahl sicherlich mit.

Wer wenig Zeit für den Garten aufbringen kann, wird auf klare Strukturen und Überschaubarkeit Wert legen. Bei Zeitmangel sind immergrüne, langsam wachsende Bäume und Sträucher eine gute Wahl, um den Schnittaufwand gering zu halten. Ein schöner Solitärbaum und wenige, sehr gut ausgewählte Großsträucher in Kombination mit Flächendeckern und Rasen beziehungsweise Wiese reichen oft aus, um eine gute Wirkung zu erzielen. – Generell ist es ratsam, sich zu beschränken, anstatt viele Gehölzarten und -sorten mit unterschiedlichsten Wuchsformen, Blattformen und -farben zu pflanzen. Nicht verzetteln lautet die Devise. Von einer großzügigen, klaren Gestaltung hat man auf Dauer mehr.

^ Schnee macht aus einem gehölzreichen Garten eine wie verzauberte Winterlandschaft

Immergrüne für das Winterbild

Gartenbesitzer haben die Wahl zwischen immergrünen Laub- und Nadelgehölzen und Laub abwerfenden Gehölzen. Für Laub abwerfende Gehölze spricht vieles. Sie machen den Wechsel der Jahreszeiten mit und wirken freundlicher als Nadelgehölze. Einige von ihnen, bei denen die dürren Blätter lange haften bleiben, wie beispielsweise die Hainbuche, bieten sogar das ganze Jahr über den oft erwünschten Sichtschutz. Für das winterliche Erscheinungsbild wichtig sind die immergrünen Laubgehölze und die Nadelgehölze – wegen des Sichtschutzes, aber auch weil sie Tieren Unterschlupf bieten. (Manche Gartenbesitzer nutzen Fichten, Tannen und Eiben auch, um in der Vorweihnachtszeit Lichterketten daran aufzuhängen.)

In diesem Buch stelle ich hauptsächlich solche Gehölze vor, die im Winter auffallen. Alle anderen Laub abwerfenden Gehölze, von denen man im Winter nur Stämme und Astwerk sehen kann, sind aber dennoch da und müssen mitbedacht und in die Planung eingebunden werden. Es sollte immer eine Gesamtplanung geben. Deshalb kann es nicht schaden, sich einen Überblick über alle Gruppen von Gehölzen zu verschaffen.

Gehölze in Gruppen

In Baumschulkatalogen wird zwischen Laub abwerfenden sowie immergrünen beziehungsweise wintergrünen Laub- und Nadelgehölzen unterschieden. Differenziert wird auch nach der Wuchsform als Halbstrauch, Strauch oder Baum. Wichtige Angaben sind ferner die Wuchshöhe und die Wuchsbreite. In Baumschul- und Pflanzenkatalogen sind bei der Beschreibung von Art und Sorte die Wuchsformen häufig als Symbol angegeben. (In einer Legende sind die Symbole erklärt.) Für die Planung ist es ratsam, auf diese Angaben zu achten und sich bei jeder Art und Sorte vorzustellen, wie sie sich im Raum entwickeln wird.
(Dabei sind die Grenzen fließend, und manche Gehölze wachsen sowohl strauch- als auch baumförmig. Auch bei der Wuchsform und Wuchshöhe gibt es große Unterschiede innerhalb der Sorten.)
Nachfolgend eine Übersicht (Auswahl):

	Laub abwerfende	Immergrüne
	Laubgehölze	
niedrige Sträucher und Halbsträucher	> Heidekraut (Besenheide) > Hortensien > Lavendel > Rosen > Schneebeere > Seidelbast	> Einfassungsbuchs > Lavendelheide > Schnee-Heide > Sonnenröschen
mittelhohe Sträucher und Großsträucher	> Duft-Schneeball > Flieder > Kolkwitzie > Forsythie > Hartriegel > Haselnuss > Kornelkirsche > Pfaffenhütchen > Weigelie > Zaubernuss	> Aukube > Buchsbaum > Lorbeerkirsche > Mahonie > Stechpalme > Rhododendron > Runzelblättriger Schneeball
Bäume	> Ahorn-Arten > Birke > Esche > Hainbuche > Rot-Buche > Eichen > Linden > *Sorbus*-Arten	
	Nadelgehölze	
Bäume und Sträucher	> Ginkgo > Lärche	> Eibe > Fichte > Kiefer/Föhre > Scheinzypresse > Tanne > Thuja > Wacholder > Zeder

Gehölze für hohe Formschnitthecken

Für das winterliche Erscheinungsbild eines Gartens sind Formschnitthecken besonders wichtig. Frei wachsende Hecken, die meist aus verschiedenen Arten zusammengesetzt sind, haben andere Qualitäten, die sich eher im Sommer zeigen.

Geschnittene Hecken sollten immer nur aus einer Gehölzart und -sorte bestehen. Für Formschnitt eignen sich besonders folgende schnittverträgliche Arten und Sorten:

Laub abwerfende Gehölze

Feld-Ahorn *(Acer campestre)*
Hainbuche *(Carpinus betulus)*
Rot-Buche *(Fagus sylvatica)*

Wintergrüne und immergrüne Laubgehölze

Buchsbaum (*Buxus sempervirens* 'Arborescens')
Wintergrüner Liguster *(Ligustrum ovalifolium)* oder
Gewöhnlicher Liguster (*Ligustrum vulgare* 'Atrovirens')
Mittelmeer-Feuerdorn *(Pyracantha coccinea)*

Nadelgehölze

Hecken-Eibe, Hybrid-Eibe (*Taxus × media* 'Hicksii')
Abendländischer Lebensbaum (*Thuja occidentalis* 'Smaragd')

> oben Gehölzarten für Formschnitthecken: Edel-Gamander, Buchsbaum und Hainbuche

> Mitte Eine Formschnitthecke aus Hainbuche grenzt im Winter gut ab

> unten Eine Eibenhecke gibt blickdichten Schutz

Gehölze für niedrige Formschnitthecken

Niedrige Formschnitthecken gliedern die inneren Bereiche vieler Gärten, vor allem von solchen, die im formalen Stil angelegt sind. Buchsbaum *(Buxus sempervirens)* ist eigentlich das ideale Gehölz für eine solche Gestaltung. Häufig gepflanzt wurde die dicht belaubte Sorte 'Blauer Heinz'. Doch seit das Buchsbaumsterben grassiert und der Buchsbaumzünsler alles kahl frisst, suchen viele Gartenbesitzer nach Ersatz. Dafür kommen andere kompakt wachsende und schnittverträgliche immergrüne Gehölzarten und -sorten infrage.

Eine echte Alternative zum Buchsbaum sind spezielle Sorten der Europäischen Eibe *(Taxus baccata)*. Allerdings ist die Eibe in fast allen Teilen hochgiftig, was zu bedenken ist, wenn Kinder in den Garten kommen. Sorten mit gedrungenem niedrigem Wuchs ohne Leittrieb sind beispielsweise 'Renke's kleiner Grüner' oder 'Schwarzgrün'. Sie können den Buchs gut ersetzen, wirken allerdings durch ihr dunkleres Grün etwas düsterer. Ebenso lässt sich die Japanische Zwerg-Eibe *(Taxus cuspidata)* einsetzen. Die kompakt und gedrungen wachsende Sorte 'Leskow' mit einer Wuchshöhe von 40–60 cm ist anspruchslos und eignet sich auch für schattige Plätze. Vom Abendländischen Lebensbaum *(Thuja occidentalis)* steht die niedrige Sorte 'Mecki' zur Verfügung.

^ Der Einfassungsbuchs einmal modern in Szene gesetzt

^ oben Heiligenkraut *(Santolina)* eignet sich ebenfalls für Formschnitt

^ unten Immergrüne Berberitze für niedrige Randbepflanzung

Immergrüne Laubgehölze für niedrige Hecken

Die Buchsblättrige Berberitze *(Berberis buxifolia)* finde ich ebenfalls passend. Sie hat ein dekoratives, leicht bräunlich grünes, ins Rötliche gehende Laub. Die Sorte 'Nana' wächst bis etwa 50 cm hoch und wird 50–80 cm breit. Die Miniberberitze ist sehr gut schnittverträglich.

Auch von der Gewöhnlichen Stechpalme *(Ilex aquifolium)*, die ich an anderer Stelle ausführlich vorstelle (siehe Seite 89), gibt es niedrig wachsende Sorten, beispielsweise 'Heckenzwerg'. Diese Sorte wächst äußerst langsam und erreicht in zehn Jahren nur eine Höhe von 30 cm. Benötigt werden 4 bis 5 Pflanzen pro laufendem Meter.

Einige Sorten der schatten- und schnittverträglichen Japanischen Stechpalme *(Ilex crenata)*, auch als Berg-Ilex bezeichnet, kommen ebenfalls infrage, beispielsweise die niedrig und kompakt wachsende Sorte 'Glorie Gem'. Sie wächst am besten auf gutem Gartenboden bei hoher Luftfeuchtigkeit.

Ein robustes Gehölz ist die Immergrüne Strauch-Heckenkirsche *(Lonicera nitida)*. Der Nachteil dieser wüchsigen Art ist, dass sie sich stark seitlich ausbreitet und deshalb häufig beschnitten werden muss.

Kräuter-Halbsträucher als Formschnitthecke

Auch Kräuter-Halbsträucher, die im unteren Teil verholzen, lassen sich gut in Form schneiden. Sie eignen sich deshalb gut als Ersatz für Buchs-Einfassungen. Vor allem sind dies Eberraute *(Artemisia abrotanum)*, Zypressen-Heiligenkraut *(Santolina chamaecyparissus)* und Echter Lavendel *(Lavandula angustifolia)*. Sie fallen durch ihr graugrünes bis bläuliches Blattwerk auf, das bei Zypressen-Heiligenkraut und Lavendel auch im Winter haften bleibt.

Mir gefällt auch der Gamander (Breitblättriger Edel-Gamander = *Teucrium chamaedrys* beziehungsweise Bastard-Gamander = *Teucrium × lucydris*) sehr gut. Eine Gamanderhecke macht mit ihrem grüngrauen Blattwerk einen freundlichen und eleganten Eindruck. Sie wirkt nicht so starr wie Hecken aus anderen Gehölzarten, da die Pflanzen Blüten ansetzen, auch wenn sie beschnitten sind. Gamander ist wie alle Lippenblütler eine hervorragende Bienenweidepflanze. Wer den Insekten etwas Gutes tun möchte, sollte an passenden Stellen Edel-Gamander frei wachsen lassen, sodass er möglichst viele Blüten ausbildet.

Sonnenröschen-Hybriden (*Helianthus*-Hybriden) mit immergrünem Laub und polsterförmigem Wuchs ergeben ebenfalls elegante Einfassungen, beispielsweise für Rosenbeete.

^ Edel-Gamander ist ein nahezu gleichwertiger Ersatz für Buchsbaum, der in diesem Garten zuvor die Beete einfasste

< Pfiffig: Sonnenröschen für polsterförmige Einfassung von Rosenbeeten

Hortensien tanzen aus der Reihe

Bei den Hortensien sind es die ball- oder rispenförmigen hellbraunen Fruchtstände, die noch lange wirken, oft bis in den Spätwinter. Vor allem die Schneeball-Hortensie (*Hydrangea arborescens* 'Grandiflora') und die Rispen-Hortensie (*Hydrangea paniculata* in Sorten) wirken dekorativ. Manche Sorten zeigen zudem eine schöne Herbstfärbung. Doch im Winter stehen sie blattlos da. Die genannten Hortensien-Arten, die am einjährigen Holz Blüten ansetzen, kann man wie Stauden behandeln und im Winter zurückschneiden, damit sie im darauffolgenden Jahr umso üppiger blühen.

Laub abwerfende Gehölze mit schönem Fruchtschmuck

Bäume und Sträucher mit schönem Fruchtschmuck fallen im Spätherbst und Frühwinter besonders auf – zur Freude von Gartenbesitzern und Passanten. Die höher wachsenden Arten wirken am besten als Solitär vor einem eher ruhigen Hintergrund, beispielsweise einer Gehölzkulisse oder einem Gebäude. Man sollte sie mit Bedacht auswählen und so pflanzen, dass ihre Gestalt zur Geltung kommt und sie nicht mit anderen fruchttragenden Gehölzen oder solchen mit auffallenden Blattformen und -farben konkurrieren. Auch bei dieser Gehölzgruppe ist es deshalb ratsam, sich zu beschränken und nicht zu viele Arten und Sorten durcheinander zu pflanzen.

Berberitze

Bei der häufig und in vielen Sorten gepflanzten Thunberg-Berberitze *(Berberis thunbergii)* bleiben die Beeren oft bis zum Frühjahr haften. Der dornige, vieltriebige und undurchdringlich wachsende Strauch wird je nach Sorte bis etwa 2 m hoch. Die Sorten wirken durch ihre intensiv gefärbten Blätter und durch ihre Herbstfärbung. Kein Zweifel – die Thunberg-Berberitze hat einen hohen gartengestalterischen und ökologischen Wert für die Tierwelt. Dennoch ist sie für Neupflanzungen nur eingeschränkt zu empfehlen, da sie sich mancherorts unkontrolliert ausbreitet und beispielsweise in Österreich bereits als invasiver Neophyt gilt.
Eine schöne Art ist auch die Große Blut-Berberitze (*Berberis × ottawensis* 'Superba'). Es handelt sich dabei um einen starkwüchsigen, 3–4 m hohen Großstrauch mit bogenförmig überhängenden, kräftig bedornten Zweigen. Die braunroten oder schwarzroten Blätter färben sich im Herbst flammend orange bis dunkelrot. Dazu schmückt sich der Strauch noch mit hellroten Beeren, die lange haften bleiben. Sie sind essbar, schmecken allerdings sehr sauer.

< Der Wildstrauch Pfaffenhütchen fällt mit seinen zweifarbigen Fruchtständen auf

Liebesperlenstrauch

Wer den Liebesperlenstrauch (*Callicarpa bodinieri* 'Profusion') – auch Schönfrucht genannt – mit seinem Fruchtschmuck einmal gesehen hat, wird sich immer daran erinnern können, so unverwechselbar sind die glänzend lila bis violett gefärbten Beeren. Der 2–3 m hohe, aufrecht wachsende Strauch stammt aus China. Er verlangt einen besonderen Platz, etwa in einem größeren Staudenbeet oder im Vorgarten, um zur Geltung zu kommen. Wenn mehrere Exemplare nebeneinander gepflanzt werden, funktioniert die Fruchtbildung besser. Der Strauch ist etwas empfindlich, auch gegenüber Frost, und sollte deshalb geschützt stehen. Ebenso ist das Mulchen der Wurzelscheibe mit den empfindlichen Wurzeln zu empfehlen. Günstig ist ein durchlässiger, sandig-humoser Boden, möglichst sauer oder neutral. Für schwere Böden ist der Liebesperlenstrauch nicht geeignet; da kümmert er und ist frostempfindlich.

^ Klassischer Fruchtschmuckstrauch: Berberitze

> Unverwechselbar und etwas heikel: der Liebesperlenstrauch

Zieräpfel

Zieräpfel (*Malus*-Hybriden) wirken durch ihre Blüten und ebenso durch ihre Früchte. Zieräpfel tragen kleine, oft sehr farbige Früchte in großer Fülle. Baumschulen haben Dutzende Sorten im Sortiment, mit weißen und rosafarbenen Blüten, mit gelben und roten, meist kirschgroßen Früchten, in verschiedenen Wuchsformen als Strauch oder kleiner Baum. Die Früchte bleiben bis in den Dezember hinein haften.

Zieräpfel sind essbar. Bei Sorten mit etwas größeren Früchten lohnt sich sogar die Ernte. Ein guter Platz für einen Zierapfel ist im Vorgarten. Zierapfelbäume sind zwar frosthart, aber sonst etwas empfindlich. Hitze, Trockenheit und Wind mögen sie nicht. An Klimaextreme sind sie also nicht angepasst.

Feuerdorn

Auch der Mittelmeer-Feuerdorn *(Pyracantha coccinea)* ist mit seinen – je nach Sorte – roten, orangefarbenen oder gelben Früchten eine (Früh-)Winterschönheit. Wertvoll ist der Strauch auch wegen der winter- bis immergrünen Blätter, wodurch er guten Sichtschutz bietet. Beachtung hat er auch wegen seiner Resistenz gegenüber Trockenheit und Hitze verdient, denn mit wärmer werdendem Klima wird er zunehmend gefragt sein. Der Tiefwurzler wächst am besten auf leichten, nährstoffreichen Böden.

Der Strauch mit seinen sparrig abstehenden Ästen wird häufig als Formgehölz für Hecken verwendet. Er ist sehr schnittverträglich und kann – bei Schnitt im Frühjahr – in jede Form gebracht werden: als Spalier, als Bodendecker, als Hecke oder um Ecken zu umspielen. In voller Sonne blüht und fruchtet der Strauch gut, im Halbschatten weniger.

Rosen – Hagebuttenrosen

Im Herbst und Winter fallen Rosen mit schönen Hagebutten auf – nicht nur die wild wachsenden Hecken-Rosen, sondern auch Zuchtsorten. Besonders schöne

Hagebutten trägt die Sorte 'Bourgogne'. Bei ihr sitzen die sehr großen, flaschenförmigen Hagebutten in Büscheln an den überhängenden Zweigen. Die nur etwa 1 m hohe Rose wächst bizarr mehr in die Breite als in die Höhe. Die 1983 eingeführte Züchtung, die man in Rosenkatalogen auch unter den «historischen Sorten» findet, stammt von der Wildrose *Rosa pendulina* ab. Es ist eine einmalblühende Rose mit einfachen, rosafarbenen Blütenschalen, aus denen sich rasch – bereits im Juni – die dekorativen Hagebutten bilden. Intensiv ausgefärbt sind sie aber erst im Herbst.

Viele weitere Sorten aus der Gruppe der Strauchrosen bilden schöne und langhaftende Hagebutten aus – sofern man das Abgeblühte nicht abgeschnitten hat. Große Hagebutten tragen – neben vielen anderen – die Sorte 'Ulmer Münster' und die Kleinstrauchrose 'Apache'.

Die großen, wie platt gedrückt aussehenden Hagebutten der Kartoffel-Rose (*Rosa*-Rugosa-Hybriden) wirken ebenfalls dekorativ.

< Wirkungsvoll im Spätherbst und Frühwinter: Zierapfelbaum, umrahmt von Wilder Waldrebe

> Feuerdorn mit leuchtend gefärbten Früchten vor glänzendem immergrünem Blattwerk

Mehlbeere

Die Echte Mehlbeere *(Sorbus aria)* wächst als kleiner Baum mit meist runder Krone. Ihre kugelrunden, orangescharlachfarbenen Früchte wirken in die Ferne. Auch die breit eiförmigen, ledrigen, unterseits weißwolligen Blätter haben einen dekorativen Effekt. Im Herbst färben sie sich gelb oder graugrün. Wegen ihrer Trockenheitsverträglichkeit wird die Art seit einiger Zeit häufiger gepflanzt – in öffentlichen Grünanlagen genauso wie in Privatgärten. Im Gegensatz zu anderen fruchttragenden Gehölzen sieht die Mehlbeere auch gut zu zweien, in Reihe oder als Allee gepflanzt aus. Baumschulen führen einige Sorten wie 'Lutescens' oder 'Magnifica'.

< oben Die Rosen-Sorte 'Bourgogne' trägt orangefarbene, flaschenförmige Hagebutten, die bis zum Frühjahr haften bleiben

< Mitte Hagebutten der Bodendeckerrose 'Apache' vor Fächer-Zwergmispel

< unten Kartoffel-Rosen (*Rosa*-Rugosa-Hybriden) tragen besonders große Hagebutten

Schneebeere und Korallenbeere

Ebenfalls durch schönen Fruchtschmuck fällt die Bastard-Korallenbeere oder Purpurbeere (*Symphoricarpos × chenaultii*) auf, die aus Nordamerika stammt. Die pinkfarbenen Beeren bleiben bis in den Winter hinein an den Sträuchern hängen. (Zugleich ist der Strauch ein Spätherbstblüher. Bis zum Frost öffnen sich die glockigen, weißlich rosafarbenen Blüten und bieten eine gute Bienenweide.)

Normalerweise beachtet man dieses Geißblattgewächs kaum, weil es so alltäglich und unauffällig ist. Es wächst 1,5–2 m hoch mit bogig überhängenden Zweigen. (Die Sorte 'Hancock' bleibt niedriger.) An den rötlichen Ästen ist das Gehölz gut zu erkennen. Man findet es eigentlich überall in öffentlichen Grünanlagen, wo es oft große flächenhafte Bestände bildet. Die Stadtgärtner pflanzen das Gehölz aus gutem Grund. Korallenbeerensträucher sind äußerst robust; sie vertragen Schnitt, Trockenheit und Hitze, kommen mit allen Bodenverhältnissen zurecht und sind salzverträglich. Außerdem stellen ihre biegsamen Zweige mit den behaarten Blättern keine Verletzungsgefahr dar. Die Beschreibung in einem Baumschulkatalog als «unverwüstliche, problemlose Gebrauchssträucher» trifft auf Schneebeeren voll und ganz zu.

Ebenso weit verbreitet ist die Gewöhnliche Schneebeere oder Knallerbsenstrauch (*Symphoricarpos albus* var. *laevigatus*) mit weißen Beeren. Sie wird bis 2 m hoch und bildet im Lauf der Zeit dickichtartige Bestände. Die weißen, wachsartigen, kugeligen Beeren bleiben bis weit in den Winter hinein haften. Kinder nennen sie auch Knallbeeren, weil sie beim Daraufschlagen ein knallendes Geräusch von sich geben. Mancherorts siedelt sich die Schneebeere in freier Natur an; sie gilt deshalb bereits als invasiver Neophyt. Von Neupflanzungen ist daher abzuraten.

^ Die Mehlbeere fällt im Spätherbst und Frühwinter durch ihre orangeroten Fruchtstände auf

> rechts oben Über die Schneebeere oder Knallbeere freuen sich die Kinder

> rechts unten Die als Strauch unscheinbare Korallenbeere gefällt im Winter mit ihrem Fruchtschmuck

Bodendecker und Kletterpflanzen/ Gehölze mit kriechendem und kletterndem Wuchs

Viele Gartenbesitzer schätzen die Eigenschaft der Bodendecker, dass sie keine Wildkräuter hochkommen lassen, ganz abgesehen von dem gestalterischen Reiz, der von einer flächenhaften Bepflanzung mit nur einer Gehölzart oder -sorte ausgeht. Vor dem Hintergrund einer einheitlich gestalteten Fläche oder vor einer begrünten Wand kommen Solitärgehölze oft erst richtig zur Geltung.

Die Bodendecker haben noch einen weiteren wichtigen Einsatzbereich: bei der Grabgestaltung. Auf Gräbern können die kleinwüchsigen Arten und Sorten so arrangiert werden, dass sie eine Miniaturlandschaft ergeben. Für größere Flächen im Garten eignen sich diese Zwergformen jedoch nicht.

Cotoneaster

Die Zwergmispel oder *Cotoneaster* steht in keinem guten Ruf. Das betrifft vor allem die bodendeckenden Arten *Cotoneaster dammeri* und *Cotoneaster suecicus*, die vor Jahrzehnten in städtischen Parks und Grünanlagen allzu oft zur Flächenbegrünung gepflanzt wurden. Doch auch diese immergrünen Arten haben ihre Reize, besonders im Winter, wenn sie sich mit roten Beeren schmücken. (Anmerkung: *Cotoneaster dammeri* wird seit einiger Zeit als potenziell invasive Art eingestuft und sollte deshalb vorsichtshalber nicht mehr gepflanzt werden.)

< Efeu eignet sich hervorragend als Bodendecker in halbschattigen bis schattigen Bereichen

> oben Niedrige Mahoniensträucher in formaler Pflanzung

> Mitte Grabbepflanzung mit immergrünen Bodendeckern

> unten *Cotoneaster* über eine Natursteinmauer herabhängend

Kriechspindel

Die Kriechspindel *(Euonymus fortunei)*, die aus Süd- und Südostasien stammt, dagegen lehnt sich an die Unterlage an, da sie keine Haftorgane hat. Das immergrüne, dicht mit Blättern besetzte Gehölz wächst dichtbuschig und eignet sich bestens zum Begrünen kleiner Vorgärten oder von Gebäudesockeln und niedrigen Zäunen. Es gibt zahlreiche Sorten mit weiß-grün und gelb-grün panaschierten Blättern, die sich im Winter teilweise rötlich färben. Das Gehölz ist auch für die Bepflanzung von Gräbern und von Kübeln beliebt. Außerdem verträgt es Schnitt und den Wurzeldruck größerer Bäume. Trotz ihrer herausragenden Qualitäten als Gartenpflanze sei vom Pflanzen eher abzuraten, da die Art bereits als invasiver Neophyt gilt.

Efeu

Der Efeu ist sowohl Bodendecker- als auch Kletterpflanze. Er eignet sich bestens, um größere Flächen zu begrünen, die durch ihre frische Farbe und durch ihre Gleichförmigkeit auch im Winter wirken. Als Kletterpflanze bietet er den Vorteil, dass er «von allein» klettert, also keine Halterung an der Wand benötigt. Er haftet mit einem dichten Wurzelgeflecht direkt an der Wand oder an der Kletterunterlage. Etwas Vorsicht ist bei der Verwendung als Kletterpflanze allerdings angebracht, vor allem beim wüchsigen Irischen Efeu *(Hedera helix hibernica)*. Seine Triebe zwängen sich unter Umständen in loses Mauerwerk, in Ritzen

< Die Kriechspindel mit ihrem breit polsterförmigen Wuchsbild passt gut in Vorgärten

^ oben Die Kriechspindel lässt sich auch als Kletterpflanze ziehen

^ unten Eine panaschierte Sorte des Efeus nutzt einen Baumstamm als Kletterunterlage

und Spalten oder gar in Dachstühle. Und dick werdende Stämme drücken womöglich Fallrohre oder andere Bauteile vom Haus ab. Außerdem schaden die Haftwurzeln dem Putz. Doch es muss nicht unbedingt die Hausfassade sein; es gibt viele weitere Plätze im Garten, an denen der ökologisch so wertvolle Efeu frei wachsen darf. Vom Efeu kann man eigentlich nicht genug haben, da er durch seine späte Blütezeit bis in den Winter hinein Honigbienen und anderen Insekten Nahrung bietet (siehe Seiten 49–51).

Zur Flächenbegrünung eignet sich am besten die sicher frostharte Wildart *Hedera helix*. Ebenso der bodenbedeckend kriechende Persische Efeu *(Hedera colchica)*. Die dekorativen weiß-bunten oder gelb-bunten Sorten sind etwas empfindlicher. Wegen ihrer auffälligen Färbung sollten sie ohnehin nur kleinflächig und in Abstimmung mit der Architektur und der übrigen Bepflanzung eingesetzt werden.

Kletterndes Geißblatt

In der großen Geißblatt-Verwandtschaft gibt es auch eine immergrüne, schlingende Art: das Henrys Geißblatt *(Lonicera henryi)*. Die Schlingpflanze eignet sich gut zum Begrünen von hohen Maschendrahtzäunen oder von Rankgittern und bietet mit ihrem dünnledrigen Blattwerk guten Sichtschutz. Allerdings muss man aufpassen, dass es mit dem Schlingen nicht zu viel wird. In meinem Garten schlingt Henrys Geißblatt lianenartig ungefähr 10 m hoch bis in Baumwipfel im Nachbargarten hinein, aber auch am Boden bewegt es sich vorwärts und bildet rasch einen dichten Bewuchs; die aufliegenden Triebe ziehen Wurzeln.

Die Robustheit und Wüchsigkeit macht das aus West-China stammende Henrys Geißblatt in manchen Teilen Mitteleuropas bereits zum gefürchteten invasiven Neophyten. In der Schweiz steht es auf einer Schwarzen Liste mit Arten, welche die einheimische Flora bedrohen.

> Das immergrüne Henrys Geißblatt gibt dem Gartengrundstück Sichtschutz

Immergrüne und wintergrüne Laubgehölze

Wenn in der Natur fast alle Blätter braun und dürr werden und alles abstirbt, nehmen wir die wintergrünen und immergrünen Gehölze viel stärker wahr als zu anderen Jahreszeiten.

Die meisten Laubgehölze werfen ihre Blätter im Herbst ab. Immergrüne und wintergrüne Gehölze behalten sie. Solche Gehölze treten in diesen Wochen, wenn Reif und Schnee ihre Konturen betonen, unwillkürlich stärker in Erscheinung.

Immergrüne Laub- und Nadelgehölze gehören unbedingt zum winterlichen Gartenbild dazu. Sie geben dem Garten auch im Herbst und Winter Struktur und bringen aufmunterndes Blattgrün in die dunkle Jahreszeit. Sie bereichern die Gärten, entweder frei wachsend als Büsche und Bäume, in Form geschnitten als Hecke bzw. als Formschnittgehölz oder als Bodendecker. Wegen ihrer architektonischen Wirkung sind Immergrüne bei der modernen Gartengestaltung sehr beliebt.

Schattenwurf der Immergrünen

Höhere immergrüne Gehölze und Hecken bieten das ganze Jahr über guten Sichtschutz. Allerdings haben sie auch den Nachteil, dass es durch die dichte Beblätterung auf der sonnenabgewandten Seite das ganze Jahr über schattig und kühl bleibt. Das kann im Sommer durchaus erwünscht sein und für angenehme Abkühlung sorgen, im Winter jedoch ist es meist ungünstig, wenn eine Ligusterhecke oder eine große Lorbeerkirsche zu dicht an einem Sitzplatz oder vor einem Fenster steht.

< Und noch einmal die Kriechspindel – effektvoll zur Kugel geschnitten

^ Immergrüne Laubgehölze sind die Basis für winterschöne Gestaltungen

Exkurs <<<<<<<

Immergrün oder wintergrün?

Immergrün ist nicht gleich wintergrün. Man muss fein unterscheiden: Wintergrüne Gehölze behalten ihre Blätter über den Winter, stoßen sie jedoch im anschließenden Frühjahr während des Neuaustriebs ab. Immergrüne Gehölze behalten ihre Blätter länger, aber auch nicht für «immer», sondern in der Regel mehrere Jahre lang. Beim Efeu beispielsweise sterben laufend Blätter ab, sie verdorren und fallen ab. Den Rekord in Sachen «immergrün» hält die Langlebige Kiefer, die ihre Nadeln bis zu 38 Jahre lang trägt.
Die Einstufung in «immergrün» und «wintergrün» ist nicht absolut. Die Übergänge von «sommergrün» zu «wintergrün» und ebenso von «wintergrün» zu «immergrün» sind fließend – je nach Pflanzenart, Klimalage und Witterung im jeweiligen Jahr.

Immergrüne Gehölze

- > Buchs (*Buxus*-Arten und -Sorten)
- > Zwergmispel (*Cotoneaster*-Arten und -Sorten)
- > Kriechspindel (*Euonymus*-Arten und -Sorten)
- > Efeu (*Hedera*-Arten und -Sorten)
- > Stechpalme (*Ilex*-Arten und -Sorten)
- > Mahonie *(Mahonia aquifolium)*
- > Glanzmispel (*Photinia*-Arten und -Sorten)
- > Lorbeerkirsche (*Prunus laurocerasus* und andere Arten)
- > Rhododendron (*Rhododendron*-Arten und -Sorten)

Wintergrüne Gehölze

- > Liguster (*Ligustrum ovalifolium* und *L. vulgare*)
- > Feuerdorn *(Pyracantha coccinea)*
- > Brombeere (*Rubus* sect. *Rubus*)

< oben Wintergrüner Liguster

< Mitte *Cotoneaster* mit schöner spätherbstlicher Blattfärbung

< unten Das beblätterte Rankenwerk der Brombeere wirkt im Raureif malerisch

Immergrüne im Volksglauben

Immergrüne Pflanzen galten den Menschen in früheren Zeiten als Sinnbild für immerwährendes Leben. In ihnen verkörperte sich der christliche Auferstehungsglaube. Immergrünen Gehölzen kann man also auch einen hohen Symbolwert zuschreiben, dementsprechend wurden sie häufig auf Gräber gepflanzt, wie hier im Bild die Muschelzypresse. Die Vorstellung von immerwährendem Leben, von Kraft und Stärke ist mit solchen Gewächsen verbunden.

Für die Gartengestaltung wichtige immergrüne Laubgehölze

(Bei den genannten Arten gibt es teils viele Sorten mit unterschiedlichen Eigenschaften, die sich dementsprechend in Bezug auf Wuchshöhe und -breite, Blattform, Farbe usw. unterscheiden.)

	Wissenschaftlicher Name	Wuchshöhe	Besonderheit
Buntlaubige Aukube	*Aucuba japonica* 'Variegata'	1,5–2,5 m hoch und breit	Dekorativ, auch für Kübel geeignet
Buchsbaum	*Buxus sempervirens*	Bis etwa 4 m hoch und 3 m breit	Langsamwüchsig, schnittverträglich
Weidenblättrige Zwergmispel	*Cotoneaster salicifolius* var. *floccosus*	Bis etwa 4 m hoch und 3 m breit	Bienenweide und Nährgehölz für Vögel
Stechpalme	*Ilex aquifolium*	Bis etwa 10 m	Wächst strauch- oder baumförmig
Mahonie	*Mahonia aquifolium*	Bis etwa 2 m hoch und breit	Schnittverträglich
Frasers Glanzmispel	*Photinia × fraseri*	Bis etwa 3 m hoch und 2 m breit	Braucht geschützten Standort
Kirschlorbeer, Lorbeerkirsche	*Prunus laurocerasus*	Je nach Sorte bis etwa 4 m hoch und breit	Schnittverträglich, etwas frostempfindlich
Rhododendron	*Rhododendron*-Hybriden	Gängige Gartensorten bis etwa 3 m hoch und breit	Unbedingt Ansprüche an Boden und Beschattung beachten
Runzelblättriger Schneeball	*Viburnum rhytidophyllum*	Bis etwa 5 m hoch und 4 m breit	Auffallende Belaubung, schöner Blütenschmuck

Aukube

Die immergrüne Buntlaubige Aukube (*Aucuba japonica* 'Variegata') stammt aus Ostasien und ist in Mitteleuropa hauptsächlich als Kübelpflanze bekannt. Sie gedeiht jedoch auch ausgepflanzt im Garten, vorausgesetzt, sie steht etwas geschützt. Der Strauch ist mit seinen ledrigen, glänzend dunkelgrünen und gelb gefleckten Blättern im Winter interessant. Er wächst gleichmäßig und straff bis breit aufrecht etwa 1,5–2,5 m hoch und ebenso breit und eignet sich wegen seines langsamen Wuchses auch für kleine Gärten oder für Vorgärten. Die unscheinbaren purpurbraunen Blüten erscheinen im Frühjahr versteckt unter dem Laub. Ab September schmückt sich der Strauch mit roten Früchten, die den Winter über haften bleiben.

Der Strauch benötigt einen halbschattigen oder schattigen Standort; er verträgt keine pralle Wintersonne. Auf der anderen Seite machen ihm Hitze und das Stadtklima mit seinen Schwankungen nichts aus. An den Boden stellt er keine besonderen Ansprüche; nur zu schwer sollte er nicht sein.

Buchsbaum

Auch in Zeiten von Buchsbaumsterben und Buchsbaumzünsler bleibt der Europäische Buchsbaum *(Buxus sempervirens)* als Gehölz für die Gartengestaltung gefragt. Zu denken ist nicht nur an die allgegenwärtigen Formschnitthecken und -figuren, sondern auch an frei wachsende Büsche. In meinem Garten stehen etliche hoch gewachsene Exemplare, die aus Sämlingen gezogen wurden. Sie sorgen für guten Sichtschutz und bieten, was mich besonders freut, Lebensraum für allerlei Getier sowie Revier für Igel und Co. Übrigens beobachte ich von meinem Schreibtisch aus, dass die heimische Vogelwelt den Buchsbaumzünsler als Nahrung entdeckt hat: Amseln und Meisen picken und zerren die Raupen aus dem Gebüsch.

< Die immergrüne Aukube ist gut an ihrem gesprenkelten Blattwerk zu erkennen

^ Immer noch ein Klassiker: Buchsbaumkugeln im Vorgarten

Cotoneaster

Die Weidenblättrige Zwergmispel (*Cotoneaster salicifolius* var. *floccosus*) sieht mit ihren bogig überhängenden peitschenartigen Ästen sehr malerisch aus. Sie hat als Bienenweide und als Nahrungspflanze für Vögel einen hohen ökologischen Wert. Die hellroten Beerenfrüchte sind bei Amseln höchst begehrt. Spätestens bis Weihnachten haben die Vögel den Strauch geplündert. Dieses Gehölz aus Westchina hat viele weitere Qualitäten, unter anderem eine gute Schnittverträglichkeit; leider ist es anfällig für den gefährlichen Feuerbrand. Von Neupflanzungen ist deshalb vor allem in Obstbaugebieten eher abzuraten.

Es gibt noch andere, aufrecht wachsende Zwergmispel-Arten mit interessantem Wuchsbild. Ich denke dabei vor allem an die Fächer-Zwergmispel *(Cotoneaster horizontalis)*, die aus Westchina stammt. Dieser Strauch breitet sich mit seinen Hauptästen malerisch waagerecht aus. Sein auf die Horizontale ausgerichtetes Wuchsprinzip wiederholt sich an den Seitenästen; sie reihen sich wie Fischgräten in einer Ebene abstehend auf. Der Strauch bringt im Mai eine überreiche Fülle an becherförmigen Blüten hervor, die Bienen anlocken. Ab September besetzen rote Beerenfrüchte dicht an dicht die Ästchen. Etwas später im Herbst verfärben sich die ledrigen, glänzend dunkelgrünen Blätter orangerot, ehe sie im Winter abfallen. Der bis etwa 1,5 m hohe und 3 m breite Strauch ist wie alle Zwergmispeln sehr gut schnittverträglich. Frei wachsend, strebt er in die Waagerechte, aber er kann auch als Spalier gezogen werden. Und was in diesen vom Klimawandel geprägten Zeiten noch von Vorteil ist: Er verträgt Hitze und Trockenheit sehr gut. Bei Baumschulgärtnern gilt er zudem als sehr bodentolerant und stadtklimafest. Die Robustheit kann ich bestätigen: Im Garten meines Elternhauses steht seit über 50 Jahren eine Fächer-Zwergmispel auf der Terrassenböschung und trotzt hier praller Sonneneinstrahlung.

Leider gehört die Zwergmispel zu den Hauptwirtspflanzen für den Feuerbrand, einer bakteriellen Erkrankung, die an Kernobst großen Schaden verursachen kann. In Obstbaugegenden sollte man deshalb die Sträucher genau beobachten und bei Befall stark zurückschneiden oder roden. Als anfällig gelten *Cotoneaster salicifolius* und *Cotoneaster bullatus*.

< oben Die Beeren der Zwergmispel bleiben oft den ganzen Winter über haften

< unten Die Fächer-Zwergmispel mit ihrem charakteristischen fischgrätartigen Astwerk

^ Die Stechpalme ist für winterliche Gestaltungen nahezu unverzichtbar

> Diese panaschierte Form der Stechpalme verlangt Einzelstand

Stechpalme

Nicht so wundergläubige, praktisch orientierte Menschen sehen in der Stechpalme ein immergrünes Ziergehölz für viele Standorte und Gestaltungszwecke. Die in manchen Regionen Europas heimische Gewöhnliche Stechpalme *(Ilex aquifolium)*, ein Baum oder Großstrauch, wächst pyramidal etwa 10 m hoch. Ilex-Sträucher bilden mit ihrem dichten, sparrigen Astwerk ein nahezu undurchdringliches Dickicht. Man kann sich gut vorstellen, dass ein solches Dickicht in kriegerischen Zeiten Schutz vor feindlichen Angriffen bot. Heutzutage grenzen stark bewehrte Ilex-Hecken Weideflächen ein, wie ich es bei Schafweiden in Südengland gesehen habe. In verschiedenen Gegenden Deutschlands wächst die Stechpalme wild im Unterholz, beispielsweise in den Wäldern um Baden-Baden. Eine Stechpalme *(Ilex aquifolium)* wirkt durch ihr ebenmäßiges Wuchsbild als Ganzes, aber auch im Detail: durch ihre dunkelgrün glänzenden, am Rand mit spitzen Dornen bewehrten, ledrigen Blätter und ihre roten oder gelben Früchte, die lange haften bleiben – sofern

die Amseln sie nicht entdecken und abpicken. Die typischen bedornten Blätter findet man meist im unteren Teil des Baumes oder Strauches oder bei geschnittenen Exemplaren; im besonnten Gipfelbereich haben die Blätter dagegen nahezu glatte Ränder.

Manche Züchtungen schmücken sich besonders reich mit – giftigen – Steinfrüchten, vor allem die einhäusige Sorte 'J. C. van Tol', bei der männliche und weibliche Blüten an einer Pflanze sitzen. Bei ihr sind die Blätter fast dornenlos. Auch die häufig gepflanzte Sorte 'Alaska' trägt reichlich Früchte. Der bis etwa 5 m breite buschige Großstrauch gefällt mit seinen glänzend dunkelgrünen, stark bedornten Blättern.

Einen hohen Zierwert besitzen buntblättrige Sorten der Gewöhnlichen Stechpalme wie die weiß bis cremefarben gerandete 'Argentea Marginata' und die goldgelb gerandete 'Aureamarginata'. Die oft als etwa 80 cm hohe Hochstämmchen angebotenen Sorten schmücken Vorgärten und Gräber. Sie wachsen auch als Solitärgehölze, pyramidal mit locker aufgebautem Astwerk, sodass sich andere Sträucher und auch Rosen im Geäst nach oben hangeln können.

Zur Wahl steht ebenfalls die Buschige Stechpalme *(Ilex × meservae)*. Diese Hybride ist zweihäusig; man braucht also neben weiblichen Exemplaren eine männliche Befruchtersorte. Die weibliche, reich fruchtende Sorte heißt sinnigerweise 'Blue Princess' und die männliche 'Blue Prince'. Die breitbuschigen Sträucher werden etwa 2–4 m hoch.

Eine gute Fernwirkung hat der Großstrauch *Ilex × altaclerensis* mit Sorten wie 'Golden King' oder 'Belgica Aurea'. Diese Hybride gilt als etwas empfindlicher als die Gewöhnliche Stechpalme. Sie wächst etwa 3–4 m hoch und ebenso breit.

Die Stechpalme schützt vor bösem Zauber

Vor allem in England genießt die Stechpalme große Verehrung. Mit ihren immergrünen Blättern symbolisiert sie Liebe, Hoffnung und ewiges Leben. Der Überlieferung nach schmückten Kelten und Sachsen im Winter ihre Wohnstätten mit Stechpalmen. Sie wollten damit gute Geister in ihre Nähe locken. Und der römische Schriftsteller Plinius schrieb der Stechpalme zu, dass sie das Haus vor bösem Zauber und vor Blitzschlag schütze.

Liguster

Über den Gewöhnlichen Liguster *(Ligustrum vulgare)* braucht man nicht viele Worte zu verlieren. Er ist allgegenwärtig. Der Wildstrauch kommt in vielen Gärten ganz von allein auf. Das schnittverträgliche Gehölz kann sowohl für Formschnitthecken als auch für frei wachsende Hecken verwendet werden. Im Spätherbst schmückt er sich mit schwarz glänzenden Früchten, die lange haften bleiben.

Mahonie

Die Mahonie *(Mahonia aquifolium)* darf in der Liste der Immergrünen nicht fehlen. Sie sieht zu allen Jahreszeiten gut aus – im Frühjahr mit ihren dottergelben Blüten, im Sommer und Herbst mit bereiften blauschwarzen Früchten und das ganze Jahr über mit ihren stachelspitzigen Blättern, deren Konturen bei Raureif betont werden. Die Mahonie wächst strauchförmig bis etwa 2 m hoch und breit. (Es gibt auch niedrig wachsende Sorten.) Sie ist sehr schnittverträglich. Zu groß gewordene Sträucher kann man problemlos herunterschneiden, sie treiben garantiert wieder aus. Floristen verwenden die starren Zweige mit den festen Blättern übrigens gerne als Bindegrün.

Die blauschwarzen Früchte halten sich nur bis zum Spätherbst. Sie fallen ab oder werden von Vögeln gefressen. (Oder Mensch pflückt sie, um daraus Marmelade zuzubereiten.) Das ursprünglich aus dem westlichen Nordamerika stammende Gehölz gebärdet sich seit einiger Zeit als invasiver Neophyt, der die einheimische Vegetation verdrängt. In manchen Regionen Deutschlands hat sich die Mahonie eingebürgert. In Berlin wächst sie im Grunewald als Unterholz. In Bayern steht die Art bereits auf der schwarzen Liste der invasiven Arten.

< oben Manche Stechpalmen-Sorten sind auf reichen Fruchtschmuck gezüchtet

< unten Gelb gerandete Stechpalmen-Sorte 'Aureamarginata'

^ oben Liguster in winterlichem Fruchtschmuck

^ unten An den stachelspitzigen Blättern der Mahonie setzt schnell Raureif an

Lorbeerkirsche *(Prunus)*

Der Lorbeerkirsche *(Prunus laurocerasus)*, häufig auch als Kirschlorbeer bezeichnet, begegnet man seit einiger Zeit in den Neubaugebieten auf Schritt und Tritt. Aus dem einfachen Grund, weil sie auf beengtem Raum mit ihren dicht stehenden immergrünen Blättern optimalen Sichtschutz bietet und den Boden stark beschattet, sodass kein Unkraut aufkommt. Sie steht fast schon als Synonym für Pflegeleichtigkeit. Überall sehe ich nur noch Lorbeerkirschhecken und -büsche. Für meinen Geschmack ist das schon fast zu viel und wirkt eintönig. So löst der Kirschlorbeer den in Fachkreisen verpönten *Cotoneaster* ab. Dabei hat der Strauch schon seine Qualitäten: Im Mai schmückt er sich mit cremeweißen Blüten, die intensiv duften und Rosenkäfer zum Besuch anlocken. Im Lauf des Sommers bilden sich schwarz glänzende Früchte. Bis zum Herbst sind sie aber entweder abgefallen oder von Vögeln weggepickt.

Wegen ihrer starken Ausbreitungstendenz gilt die Lorbeerkirsche als invasive Art und sollte möglichst nicht mehr gepflanzt werden. Auch aus gärtnerischer Sicht haben manche Sorten unerwünschte Eigenschaften: Sie vermehren sich sowohl generativ (über Samen) als auch vegetativ (über Wurzelschösslinge), was nach etlichen Standjahren Probleme bereiten kann. Ich weiß, wovon ich rede: In meinem Garten bin ich mit dem Herausziehen von Lorbeerkirschen-Sämlingen und dem Kurzhalten von Schösslingen ziemlich beschäftigt. Wenn ich je in meinem Leben einen Garten neu anlegen sollte, würde ich sicher keine Lorbeerkirsche pflanzen. Die Lorbeerkirsche hat gegenüber dem Rhododendron mit ähnlichem Wuchsbild allerdings den Vorteil, dass sie – anders als dieser – auch auf normalen Böden gedeiht.

< Sehr dichter und raumgreifender Wuchs zeichnet die Lorbeerkirsche aus

^ Es kommt auf Art und Sorte an: Niedrige Züchtungen fungieren als Bodendecker

Rhododendron

Rhododendron (*Rhododendron*-Hybriden) braucht sauren Boden – je nach Züchtung mehr oder weniger sauer. Auf kalkhaltigen Böden gedeiht er auf Dauer nicht oder zumindest nicht gut. Die Blätter werden chlorotisch; der Strauch mickert. Aber es gibt Regionen in Deutschland, in denen Rhododendren die passenden Standortverhältnisse vorfinden; in Teilen des Schwarzwalds oder im Emsland beispielsweise. Es ist zwar auch möglich, den anstehenden Boden gegen saures Substrat auszutauschen, doch das ist mühsam. Aus ökologischen Gründen und aus Gründen der Sparsamkeit ist es besser, Gehölze dem Standort entsprechend auszuwählen. Rhododendron kann auf verschiedene Weise in Szene gesetzt werden – als Solitär oder in gemischten Pflanzungen mit verschiedenfarbig blühenden Sorten. Die Sträucher brauchen Platz, um sich ausbreiten zu können.

^ Rhododendren wirken im Winter durch ihr Wuchsbild

> Der Runzelblättrige Schneeball trägt seinen Namen zu Recht

Runzelblättriger Schneeball

Der Runzelblättrige oder Immergrüne Chinesische Schneeball *(Viburnum rhytidophyllum)* ist schon eine stattliche Erscheinung – ein typisches Solitärgehölz, das im Einzelstand und im Zusammenspiel mit der Architektur zur Geltung kommt. Der Großstrauch kann bis 5 m hoch und höher und fast ebenso breit werden. Er erzielt also allein schon durch seine Gestalt eine entsprechende Wirkung, dazu kommt noch seine ornamentale Belaubung mit immergrünen, runzligen, schmal elliptischen Blättern. Bei Frost rollen sich die Blätter ein. Im Frühjahr schmückt sich der Strauch mit cremeweißen, herb duftenden Blüten, die in Trugdolden sitzen.

Der Strauch kann in Sonne oder Halbschatten stehen, er verträgt Hitze. Allerdings ist er nur mäßig frosthart und sollte deshalb einen geschützteren Standort bekommen. Der Boden sollte mäßig trocken bis feucht und nährstoffreich sein. Zu groß gewordene Sträucher können ohne Bedenken zurückgeschnitten werden. (Anmerkung: In der Schweiz wird diese Art als invasiv eingestuft und steht auf der Beobachtungsliste.)

Winterblühende Sträucher

Gartenbesitzer sind beim Bienenschutz direkt angesprochen, denn sie können winterblühende Gehölze anpflanzen und somit Insekten auch im Winter Nahrung anbieten. In den Wintermonaten ist das Nahrungsangebot zwar noch gering, doch es gibt schon einige spät beziehungsweise früh blühende Gehölze, die ihre Blüten bereits im Winter öffnen – auch zur Freude der Betrachter, die sich in der Wintertristesse nach Farbe sehnen.

Kornelkirsche

Die Kornelkirsche *(Cornus mas)* stammt ursprünglich aus dem Kaukasus, hat sich jedoch in Mitteleuropa eingebürgert. Heute gilt sie von Europa bis nach Zentralasien als heimisch; sie bevorzugt vor allem leichte, kalkhaltige Böden mit hohem Humusgehalt. Das Wildgehölz wächst wild in Feldgehölzen, an Waldrändern oder mitten im Wald, wo es bereits im Februar durch seine hellgelben Blüten oft schon von Weitem auf sich aufmerksam macht. Neben der Sal-Weide ist die Kornelkirsche eines der am frühesten blühenden Gehölze. Die Kornelkirsche ist aufgrund ihrer besonderen Wuchseigenschaften auch für die Gartengestaltung interessant: Sie wächst buschig oder einstämmig als Baum und entfaltet ihre Wirkung als Solitär oder eingebunden in frei wachsende oder geschnittene Hecken. Ungeschnitten wird die Kornelkirsche bis zu 8 m hoch; sie lässt sich jedoch genauso gut auf niedrige Höhe zurechtstutzen und in Kübeln als Busch oder Hochstämmchen kultivieren. Die Kornelkirsche besitzt ein sehr dichtes Astwerk, sodass sie auch ohne Blätter Sichtschutz bietet. Bereits vor dem Laubaus-

< Die Zaubernuss bringt fernöstliches Flair in winterliche Gärten

> oben Die Kornelkirsche lässt sich hervorragend zu Hochstämmchen formieren

> unten Die Kornelkirsche setzt häufig bereits im Februar ihre hellgelben Blüten auf

trieb erscheinen die hellgelben Blütenbüschel mit den Scheibenblüten, an denen Honig- und Wildbienen frühe Nektar- und Pollennahrung finden. Für die Gartengestaltung und erst recht für die Blütenbesucher ist von Vorteil, dass die Kornelkirsche bereits als junge Pflanze blüht.

Wertvolles Wildobst

Wertvoll ist die Kornelkirsche auch wegen der Früchte, die sich hervorragend zu Gelee, Konfitüre und Saft verarbeiten lassen. Sie reifen ab Mitte August bis Oktober und färben sich mit zunehmender Reife dunkelrot. Das Entsteinen der Kirschen von Hand ist mühsam; schneller geht es, wenn man die Früchte zunächst mit Wasser aufkocht und dann das Fruchtfleisch passiert. Ergiebiger als die Wildform ist die großfrüchtige Sorte 'Jolico'.

Scheinhasel, *Corylopsis*

Die Scheinhasel *(Corylopsis pauciflora)* hat mit unserer einheimischen Haselnuss nichts zu tun; sie gehört vielmehr in die Familie der Zaubernussgewächse. Sie ist ein fein verzweigter, eher waagerecht wachsender Kleinstrauch (1,2–1,5 m). Die Scheinhasel blüht im März und April. Ihre blassgelben Blüten duften nach Schlüsselblumen. Das besondere Gehölz wirkt besonders gut über einem Teppich aus Frühlingsblühern mit Blaustern *(Scilla)* und Schneeglanz *(Chionodoxa).*

Haselnussstrauch

Einheimische Gehölze wie die Haselnuss machen sich auch in Gärten sehr gut – sowohl die Wildform als auch Zierformen. Der Haselnussstrauch *(Corylus avellana)* wächst mehrstämmig bis etwa 5 m in die Höhe. An dieser Mehrstämmigkeit ist ein einzelner Strauch schon von Weitem zu erkennen. Er ist aber auch ideal für frei wachsende Hecken auf großen Gartengrundstücken oder in der freien Landschaft. Nach Absägen «auf den Stock» treibt er neu aus.

Der Strauch beginnt tatsächlich mitten im Winter zu blühen, was Pollenallergikern gar nicht recht ist, weil dies ihre Leidenszeit verlängert. Man muss genau hin-

< oben Ein besonderes Gehölz: Scheinhasel mit blassgelben Blüten

< unten Ein Hoch auf Haselnusssträucher: Ihre hängenden Kätzchen schmücken im Winter

^ Eine Sonderform mit bizarrem Wuchs: die Korkenzieherhasel

schauen, um die weiblichen Blüten mit den roten Narbenbüscheln zu erkennen. Auffälliger sind die männlichen Blüten in Form der herabhängenden Kätzchen. Beide Blüten sitzen am gleichen Strauch, das bedeutet, die Haselnuss ist einhäusig getrenntgeschlechtlich.
Eine dekorative Sonderform ist die Korkenzieherhasel *Corylus avellana* 'Contorta'. Bei ihr sind die Triebe korkenzieherartig gedreht. Diese Sorte bleibt kleiner als die eigentliche Art und passt gut an einen exponierten Platz in Hausnähe. Die Gold-Hasel *Corylus avellana* 'Aurea' ist im Austrieb leuchtend goldgelb, später zitronengrün. Die dekorative Bluthasel (*Corylus maxima* 'Purpurea') ist schwarzrot belaubt.

Seidelbast

Der Gewöhnliche Seidelbast oder Kellerhals *(Daphne mezereum)* ist ein einheimischer Strauch, der im Wald auf nährstoffreichen, meist kalkhaltigen, humosen Böden wächst. Wegen seiner Seltenheit steht er unter Artenschutz. Das Verbreitungsgebiet reicht von den Pyrenäen bis nach Westsibirien. Auf sauren, nährstoffarmen Böden kommt das Gehölz nicht vor.

Der niedrige, bis etwa 1 m hohe Strauch ist nur spärlich verzweigt. Ab Februar erscheinen – meist zu dreien – die verwaschen rosafarbenen Blüten, die stark duften. Gartenformen wie beispielsweise 'Rubra select' blühen üppiger als die Wildform. Beim Umgang mit dem Gehölz ist Vorsicht angebracht, denn Seidelbast ist giftig, besonders die Rinde und die roten, kugeligen oder eiförmigen Steinfrüchte, die im Sommer erscheinen.

Schnee-Heide

Die Schnee-Heide *(Erica carnea)* macht sich mit ihren niederliegenden, reich verzweigten Ästchen noch im kleinsten Garten gut. Sie beginnt mitten im Winter zu blühen, wenn – wie der Name besagt – noch Schnee liegt. An sonnigen Tagen im Januar und Februar umschwirren vor allem Hummeln und – bei milden Temperaturen – auch Honigbienen auf der Suche nach Nektar und Pollen die schmal glockenförmigen Blüten. Dann summt es über der Schnee-Heide wie zur Zeit der Obstblüte.

Die Schnee-Heide kommt in Gebirgen West-, Mittel- und Südosteuropas wild vor. Sie ist in den Alpen und im Alpenvorland anzutreffen. Die Art wurde stark züchterisch bearbeitet. Im Unterschied zu dem im Herbst blühenden Heidekraut *(Calluna vulgaris)*, das in Heidelandschaften auf sandig-saurem Boden wächst, gedeiht die Schnee-Heide am Naturstandort auf Kalkböden. Auf normalem Gartenboden kommt sie gut zurecht.

Die Baumschulen bieten Schnee-Heide in vielen rosafarbenen und rötlichen Farbnuancen sowie in Weiß an. Bekannte Sorten sind die rosafarbene 'Winter Beauty', die weiße 'Snow Queen' oder 'Silberschmelze' und die rot blühende 'Myretoun Ruby'. Am besten wirkt die Schnee-Heide, wenn mehrere Exemplare zusammengepflanzt werden.

Forsythie

Die Forsythie (*Forsythia × intermedia*) verbreitet mit ihren leuchtend gelben Blüten Frühlingsstimmung – im Garten oder in Räumen als Vasenschmuck.

Die Forsythie ist ein äußerst anspruchsloses, frostthartes und gesundes Gehölz für sonnige bis halbschattige Standorte auf eher frischen Böden. Sie blüht am mehrjährigen Holz, wobei sie im Schatten nur wenige Blüten ansetzt.

Das Gehölz ist sehr gut schnittverträglich; es lässt sich sogar auf Stock setzen und treibt willig wieder aus. Wer mag, kann die Forsythie zu Hochstämmchen oder

bei Reihenpflanzung als Formschnitthecke formieren. Normalerweise wird man sie frei wachsend als Solitär oder gemischt mit anderen Ziersträuchern in einer Hecke platzieren. Gestalterisch lassen sich Forsythiensträucher schwer einbinden, weil sie äußerst starkwüchsig sind und etwas wirr wachsen. Außerhalb der Blütezeit bekommen die Sträucher ein ziemlich struppiges Aussehen. Ich versuche, meine jahrzehntealten Exemplare durch häufiges Schneiden von langen Zweigen für die Vase zu bändigen, aber das reicht nicht: Im Abstand von wenigen Jahren ist jeweils ein radikaler Rückschnitt fällig.

Baumschulen führen eine überschaubare Anzahl von Sorten, die sich hauptsächlich in der Wuchshöhe und -breite, in Nuancen der Blütenfarbe und im Blühzeitraum unterscheiden. Unsere Gartensorten gehen aus einer Kreuzung zweier chinesischer Forsythien-Arten hervor, die 1878 im Botanischen Garten in Göttingen entstanden ist. Häufig gepflanzte Sorten wie die goldgelb blühende 'Lynwood' oder die hellgelbe 'Spring Glory' wachsen zu Sträuchern von 2–3 (–4) m Höhe heran. Im Baumschulsortiment findet man auch mittelstark wachsende Sorten mit nur etwa 1,5–2 m Wuchshöhe und -breite wie 'Goldzauber', 'Minigold' oder 'Week End'. Noch niedriger bleiben Sorten wie 'Boucle d'Or' oder 'Marée d'Or, die nur etwa 80 cm hoch und etwa 120 cm breit werden.

< Kein Exot, sondern ein einheimisches Wildgehölz: der betörend duftende Seidelbast

^ Bereits im Januar und Februar ein Magnet für Honigbienen und Hummeln: die Schnee-Heide

> Die Forsythienblüte leitet schon ins Frühjahr über

Leichte Steckholzvermehrung

Die Forsythie lässt sich übrigens sehr leicht aus Steckhölzern vermehren. Man braucht nur Aststücke in den Boden zu stecken, und sie bewurzeln sich bereits nach kurzer Zeit. Meist gelingt es auch problemlos, dass Forsythienzweige in der Vase Wurzeln ziehen.

Zaubernuss

Die Zaubernuss *(Hamamelis)* zieht die Menschen in ihren Bann. Ihr wohnt keine Zauberkraft inne, wie der Name vermuten lässt, sondern sie verdankt ihren Namen einer Eigenschaft, die wie ein Zauber anmutet: Ihre Nussfrüchte brauchen ein ganzes Jahr bis zur Reife und hängen noch am Strauch, wenn die Blüten erscheinen. Eine gewisse zauberhafte Wirkung hat das Gehölz aber doch: Hamameliswasser und -tinktur sind bewährte Schönheitsmittelchen, die Cremes, Salben und Gesichtswässern beigemischt werden. Für diesen Zweck werden jedoch die Rinde und die Blätter der aus Nordamerika stammenden Virginischen Zaubernuss *(Hamamelis virginiana)* verwendet.

Die Blüten der Zaubernuss verdienen genaues Hinschauen: Um einen violetten oder braunroten Kelch gruppieren sich die band- oder zungenförmigen, leicht geknitterten gelben, orangefarbenen oder rötlichen Blütenblättchen. Eine andere, zauberhaft anmutende Eigenschaft der Zaubernuss ist, dass der Frost den Blüten nicht schadet.

Eindrucksvoll sehen die ausladenden, trichterförmig wachsenden Sträucher der Chinesischen Zaubernuss *(Hamamelis mollis)* aus. Bekannt ist die orangegelbe Sorte 'Brevipetala' mit kurzen Blütenblättern, bei der die Blätter lange haften bleiben. Die Japanische Zaubernuss *(Hamamelis japonica)* bleibt insgesamt etwas kleiner als die chinesische Art. Die Großblühende Zaubernuss (*Hamamelis × intermedia*) ist eine Kreuzung aus den beiden genannten Arten und wächst etwa 3–4 m hoch und 3–5 m breit. Die bewährte, schwefelgelb blühende Sorte 'Pallida' duftet intensiv. Die Baumschulen führen Sorten mit ungewöhnlichen Blütenfarben: die bronzerote 'Feuerzauber', die kupfergelbe 'Jelena', die weinrote 'Ruby Glow' und die hellgelbe 'Westerstede'. Die Blühzeiträume der Sorten sind etwas unterschiedlich. Bei 'Jelena' und 'Pallida' kann die Blüte – je nach Klima- und Wettersituation –

< links Duftend und einfach bezaubernd: die Chinesische Zaubernuss

< rechts Blütenschmuck bereits im Februar mit der *Hamamelis*-Sorte 'Jelena'

^ Lockeres Wuchsbild der Virginischen Zaubernuss, die bereits im Herbst blüht

bereits Ende Dezember einsetzen, während die primelgelbe 'Arnold Promise' erst spät ab März blüht. An einem sonnigen bis lichten Standort blühen die Sträucher gut; im Halbschatten bilden sich deutlich weniger Blüten aus. Im Herbst gefallen die Sträucher mit ihrer schönen Blattfärbung.

Zaubernusssträucher wachsen langsam. Die jungen Büsche wirken durch die schräg aufrecht wachsenden Äste trichterförmig. Die Äste sind immer nach oben gerichtet und hängen nie über.

Die kostbare Zaubernuss kommt als Solitär vor der Hausfassade oder vor einer Mauer am besten zur Geltung – die gelb blühenden Sorten besser vor einem dunklen, die roten vor einem hellen Hintergrund. Hübsch wirkt es, wenn sich Zwiebelblumen zu Füßen der Sträucher ausbreiten: Elfen-Krokusse und Schneeglöckchen, Schneeglanz und Blausterne, Traubenhyazinthen und Winterlinge.

Winter-Jasmin oder Echter Jasmin

Der Winter-Jasmin *(Jasminum nudiflorum)* blüht mitten im Winter, oft schon Wochen vor Weihnachten. Das aus Westchina stammende Gehölz hat mit dem Zierstrauch, der allgemein als «Jasmin» bekannt ist, nichts zu tun; dieser trägt den botanischen Gattungsnamen *Philadelphus*.

Winter-Jasmin lässt seine peitschenartigen, mit goldgelben Blüten besetzten Triebe bis zu 5 m lang über Mauerkronen herabhängen. Die schmalen dunkelgrünen Blätter erscheinen erst nach der Blüte. Der Winter-Jasmin verträgt volle Sonne und Hitze, er ist geradezu prädestiniert für einen Platz vor einer nach Süden exponierten Mauer. Im Schatten blüht er dagegen nur schwach. Winter-Jasmin gedeiht am besten auf nährstoffreichem, durchlässigem Boden; schwerer Boden ist nicht so günstig. Das Gehölz lässt sich auch aufrecht an einem Spalier an der Hauswand in die Höhe leiten.

Vielfach wird behauptet, dass Bienen nicht auf die Blüten fliegen. Beim Fotografieren eines Winter-Jasmins für dieses Buch beobachtete ich aber eine Blaue Holzbiene – das ist eine sehr große, schwarze, hummelähnliche Biene – bei der Nahrungssuche. Sie ver-

schwand nach ihren Blütenbesuchen in einer Höhlung der Trockenmauer, über die der Winter-Jasmin malerisch herabhängt.

Von Kirschpflaume und Blutpflaume

Die über und über wie eine Wolke blühenden Kirschpflaumen fallen im Februar und März in der Landschaft und in den Dörfern auf. Doch kaum jemand kennt ihren Namen. Die ursprünglich von der Krim, aus dem Kaukasus, Iran und Zentralasien stammende Kirschpflaume *(Prunus cerasifera)* ist in Europa eingebürgert.

< links Die peitschenförmigen Triebe des Echten Jasmins hängen meterlang über Mauerkronen herab

< rechts Echter Jasmin lässt sich auch hochbinden und am Spalier ziehen

^ Die Kirschpflaume setzt im Februar und März weiße Tupfer in Landschaft und Gärten

> Die verwandte Blutpflaume setzt etwas später mit der Blüte ein

Blutpflaumen sind rotlaubige Sorten der Kirschpflaume oder deren Kreuzungen. Sie bringen mit schwarzrotem Blattwerk und rosaroten Blüten Farbe in den Frühjahrsgarten und auch in die Landschaft. Die 1916 aus den USA eingeführte Form 'Nigra' wird sehr häufig in Gärten und öffentlichen Grünanlagen gepflanzt. Von Ferne ist sie an den lebhaft rosafarbenen Blüten zu erkennen. Diese erscheinen vor oder während des Blattaustriebs, je nach Frühjahrswetter Ende März oder im Lauf des Aprils. Auch die dunkel braunroten bis schwarzroten Blätter treiben früh. Sie behalten ihre satte Farbe und verblassen nicht. Kirschpflaume und Blutpflaume wachsen strauch- oder baumförmig bis etwa 5–7 m hoch. Sie gedeihen am besten an einem warmen, sonnigen Standort auf nährstoffreichem Lehmboden.
Der Clou an der Strauchart ist, dass sie essbare Früchte trägt. Im Unterschied zu den ebenfalls essbaren gelben Früchten der Kirschpflaume sind die der Blutpflaume dunkelrot. Feine Konfitüren mit süßsäuerlicher, etwas herber Geschmacksnote lassen sich daraus herstellen. Schon allein deswegen hat die Blutpflaume einen Platz im Garten verdient.

Weiden

Weiden (*Salix*-Arten) sind verglichen mit den zuvor genannten Gehölzen eher unscheinbar, aber umso wichtiger als Nahrungspflanzen für Bienen. Als Nektar- und Pollenlieferanten sind sie unschlagbar. Im phänologischen Kalender markiert die Blüte der Sal-Weide *(Salix caprea)* – um genau zu sein das Erscheinen der gelben Staubgefäße – den Beginn des Erstfrühlings. Baumschulen haben einige Sorten der Sal-Weide im Sortiment: die als Großstrauch oder Kleinbaum wachsende Sorte 'Mas', die Hängeform 'Pendula' und die bereits im Frühwinter blühende Sorte 'Silberglanz' mit silbrigen Kätzchen. Eine besonders früh blühende Art ist die Reif-Weide *(Salix daphnoides)*. Es gibt übrigens auch eine Weiden-Sorte mit korkenzieherartig gedrehten Ästen.

In der Natur kommen Weiden auf feuchtem Boden an Bach- und Flussufern vor. Da normale Gärten selten solche Voraussetzungen aufweisen, werden hier sowohl die Sal-Weide als auch andere Weiden-Arten nur selten gepflanzt. Ganz abgesehen davon, dass viele Gartenbesitzer vor dem Pflanzen zurückscheuen, weil Weiden schnell wachsen und den Rahmen eines Gartengrundstückes sprengen.

Duft-Schneeball

Einige Schneeball-Arten ziehen mitten im Winter dank ihrer duftenden Blüten die Aufmerksamkeit auf sich. Alle Arten stammen aus Ostasien. Es sind dies der Bodnant-Schneeball (*Viburnum × bodnantense* 'Dawn'), der Wintergrüne Duft-Schneeball *(Viburnum × burkwoodii)*, der Großblumige Duft-Schneeball *(Viburnum × carlcephalum)*, der Koreanische Duft-Schneeball *(Viburnum carlesii)* und der Winter-Duftschneeball *(Viburnum farreri)*. Die letztgenannte Art beginnt bereits im November zu blühen, häufig parallel zur Herbstfärbung der Blätter.
Die Sträucher stehen entweder für sich im Vorgarten oder integriert in eine frei wachsende Hecke. Die einzelnen Blüten sind eher unscheinbar; Frost färbt sie braun, sodass sie dann ziemlich unansehnlich werden. Aber wegen ihres wenn auch kaum wahrnehmbaren Duftes sind sie eine Bereicherung für unsere Gärten.

< Die verschiedenen Weiden-Arten locken sehr früh im Jahr Insekten an

^ Der viel gelobte Duft-Schneeball wächst etwas sparrig

> Wintergrüner Duft-Schneeball bereichert Gartengestaltungen

Gehölze mit dekorativem Stamm bzw. Astwerk und schöner Rinde

Einige Gehölzgattungen fallen mit besonders gefärbter oder geformter Rinde im Winter auf. Es sind vor allem Ahorne, Birken und Platanen mit ausdrucksstarker Zeichnung der Rinde. Zu nennen sind Zimt-Ahorn *(Acer griseum)*, Rostbart-Ahorn *(Acer rufinerve)*, Papier-Birke *(Betula papyrifera)* und die heimische Hänge-Birke *(Betula pendula)* mit vielen Sorten. Damit die rindenschönen Bäume gut zur Geltung kommen, sollten sie einzeln stehen und genügend Raum um sich haben.

Auch einige Sträucher wirken durch die Färbung ihrer Rinde. Die Zweige des Roten Hartriegels *(Cornus sanguinea)* heben sich vor einem Hintergrund aus Schnee dekorativ ab. Bei einigen Rosen-Arten sind die Zweige schön gefärbt und tragen auffällige Stacheln; dazu zählt vor allem die «Stacheldrahtrose» *Rosa sericea* subsp. *omeiensis* f. *pteracantha.*

< links Diese rindenschöne Birke kommt im Einzelstand zur Geltung

< rechts Eine Weiden-Sorte mit korkenzieherartigen Ästen namens 'Contorta'

^ oben links Ausdrucksstarke Borke der Schwarz-Kiefer

> oben rechts Bringt Farbe in die Schneelandschaft: Astwerk des Roten Hartriegels

> unten Die «Stacheldrahtrose» macht ihrem Namen alle Ehre

Gehölze als mobiles Grün

Einige niedrig und kompakt wachsende Gehölzarten inklusive des Buchsbaums, der an anderer Stelle beschrieben ist, eignen sich auch für die Bepflanzung von Kästen und Kübeln. Damit die Gehölze sicher über den Winter kommen, vor allem nicht vertrocknen oder erfrieren, ist es ratsam, ein paar Dinge zu beachten.
Das Wichtigste ist, dass die Pflanzen samt den Töpfen nicht stark wechselnder Sonneneinstrahlung und damit stark wechselnden Temperaturen – tagsüber sonnig und warm und nachts frostig kalt – ausgesetzt sind. Das schadet den Pflanzen samt den Wurzeln und bringt sie zum Absterben. Ein guter Platz ist dagegen im Schatten von Gebäuden oder Gehölzen. Und noch etwas muss man bedenken: Immergrüne verdunsten auch im Winter Wasser. Exemplare, die unter Dach stehen, beispielsweise unter einem Dachtrauf, muss man deshalb ab und zu durchdringend gießen. Wenn man diese Grundregeln berücksichtigt, überdauern die Gehölze jahrzehntelang.
Und noch ein Tipp am Rande: Die Töpfe nicht direkt auf den Boden stellen, sondern etwas erhöht auf Klötze, sodass der Topfboden nicht festfriert.

Stechpalme

Hübsch sehen Topfarrangements mit anderen immergrünen Gehölzen oder mit Blütenpflanzen darum herum aus. Im Winter sollten die Gefäße beschattet stehen, damit die Töpfe – der Topf selbst und das Gehölz samt Wurzelballen – vor wechselnden Temperaturen geschützt sind.
Für Pflanzgefäße im Freien eignen sich besonders die Sorten der Japanischen Stechpalme oder Berg-Stechpalme *(Ilex crenata)* wie die 1,5 m hohe Sorte 'Convexa', die zunächst goldgelbe, dann zitronengrüne, nur 80 cm hohe Sorte 'Golden Gem' oder die sehr langsam

wachsende, kleinblättrige Sorte 'Stokes', die ebenfalls nur 80 cm hoch wird.

Lorbeerblättriger Schneeball

Eine Rarität! Eine ausgesprochen wirkungsvolle Kübelpflanze ist der Lorbeerblättrige Schneeball, auch Laurustinus oder Immergrüner Schneeball *(Viburnum tinus)* genannt. Seine Blüte setzt mitten im Winter ein und dauert fort bis zum Frühsommer. Die beim Aufblühen rosafarbenen, später weißen Blüten stehen in schönem Kontrast zu den dunkelgrünen Blättern, die Lorbeerblättern ähneln. Im Lauf des Sommers und Herbstes entwickeln sich aus den Blüten stahlblaue bis fast schwarze Beeren, die den Strauch schmücken. Der immergrüne Strauch stammt aus dem Mittelmeergebiet und ist nicht ganz frosthart. Bei stärkerem Frost muss man ihn ins Haus holen. Mein Exemplar, das ich einige Jahre lang pflegte, ist leider in einem kalten Winter eingegangen. Umso mehr freue ich mich, wenn mir der Laurustinus auf Reisen begegnet – etwa auf Sizilien oder auf der Pfaueninsel – und ich seinen zarten Duft genießen kann.

< oben Immergrüne Gehölze in Pflanzgefäßen als dekorativer Haustürschmuck

< Mitte Scheinzypresse im großen Tontopf – wirkungsvoll präsentiert mit Eisenkrone

< unten Der niedrige Zierstrauch Hebe eignet sich für Kübelbepflanzung

^ oben Die Berg-Ilex-Sorte 'Golden Gem' kommt in Pflanzgefäßen zur Geltung

^ unten Eine auffallende Rarität: Lorbeerblättriger Schneeball

Nadelgehölze

Im Winter werden die immergrünen Nadelgehölze interessant. Sie bringen die hoffnungsfroh stimmende Farbe Grün in die triste Winterumgebung und sehen malerisch aus, wenn sie mit Schnee bedeckt sind. Durch ihren raumgreifenden Wuchs nehmen sie in vielen Gärten eine dominierende Stellung ein. Bei den zahlreichen Arten und Sorten innerhalb der Gattungen kommt es darauf an, die richtige für den jeweiligen Standort auszuwählen. Die heimischen Waldbäume Fichte, Tanne und Kiefer sowie die aus dem westlichen Nordamerika stammende Douglasie eignen sich wegen ihres schnellen und hohen Wuchses nicht so gut für kleine Gartenräume. In größere Anlagen, in denen sie sich ausbreiten können, stellen sie dagegen durchaus eine Alternative dar. Und Exoten wie die Mammutbäume sprengen mit ihrem raschen hohen Wuchs jegliche Dimension. Dagegen eignen sich Scheinzypressen mit ihrer weichen Benadelung bestens für moderne Gartengestaltungen.

Nicht nur ihr schönes, ausdrucksstarkes Wuchsbild spricht für Nadelgehölze, sondern auch ihr hoher ökologischer Wert. Für Vögel und anderes Getier bieten sie Nahrung und Schutz im Winter wie im Sommer. Wenigstens ein paar Exemplare sollten schon aus diesem Grund den Garten bereichern.

Bei dem großen, nahezu unüberschaubaren Angebot der Baumschulen sollten sich Gartenbesitzer vor dem Kauf besonders über Wuchshöhen und -formen sowie über Färbungen der Arten und Sorten informieren und entsprechend ihrer Grundstücksgröße auswählen.

Tanne

Tannen-Arten bereichern winterliche Gärten ungemein. Die schönen Baumgestalten eignen sich als Solitäre, beispielsweise die Nordmann-Tanne *(Abies nordmanniana)* mit ihrem malerischen Wuchsbild. Diese Art ist der Weihnachtsbaum schlechthin. Allerdings muss gut überlegt werden, ob man sich diesen bis etwa 25 m hoch wachsenden Baum in den Garten holt. Häufig werden getopfte Nordmann-Tannen nach ihrem Dasein als Weihnachtsbaum im Wohnzimmer in den Garten gepflanzt.

Das Gleiche gilt für die Amerikanische Blau-Tanne (*Abies procera* 'Glauca'), die mit ihrer schönen Benadelung ebenfalls ein beliebter Weihnachtsbaum ist.

Scheinzypresse

Die Lawson-Scheinzypresse *(Chamaecyparis lawsoniana)* mit ihren vielen unterschiedlich hohen und unterschiedlich gefärbten Sorten ist Standardgehölz in Siedlungsgebieten. In Gärten stehen häufig zwei oder drei breit säulenförmig oder pyramidal wachsende Exemplare beisammen, begleitet von niedrigen, mehr in die Breite wachsenden Sorten. Eine schöne Art, von der es etliche Sorten gibt, ist auch die Sawara-Scheinzypresse oder Erbsenfrüchtige Scheinzypresse *(Chamaecyparis pisifera)*.

Scheinzypressen gedeihen am besten auf einem frischen bis feuchten Boden; mit Trockenheit kommen sie nicht gut zurecht. In meinem Garten und in Nachbargärten starben in den zurückliegenden trockenen Sommern bereits Exemplare ab. Sie verbräunen zusehends und werfen Nadeln und ganze Zweigstücke ab. Trotzdem halte ich die Lawson-Scheinzypresse und ihre Verwandten für wichtige Gestaltungselemente mit hohem Sichtschutzwert, die außerdem Vögeln unter ihrem schützenden Astwerk das ganze Jahr über Deckung bieten. Trockenschäden kann man durch gelegentliches durchdringendes Wässern vorbeugen.

< oben Die Nordmann-Tanne zeigt sich mit schöner Benadelung

< unten Fichten und Zedern wachsen sehr schnell und nehmen schnell viel Raum ein

> Scheinzypresse mit malerischem Wuchsbild

Wacholder

Der immergrüne, ausgebreitet oder säulenförmig in die Höhe wachsende Heide-Wacholder *(Juniperus communis)* ist in Mitteleuropa heimisch. Sein Verbreitungsgebiet reicht bis Nordasien, Nordafrika und Nordamerika. Wacholdersträucher oder -bäume im Garten tragen selten Früchte (= Beeren). Das liegt daran, dass fast immer nur männliche Exemplare des zweihäusigen Gehölzes gepflanzt werden.

Häufig wird auch der Chinesische Schmuck-Wacholder oder Pfitzers Wacholder *(Juniperus × pfitzeriana)* kultiviert, von dem es zahlreiche Sorten mit besonderen Wuchsformen gibt. Der Chinesische Berg-Wacholder oder Schuppen-Wacholder *(Juniperus squamata)* mit seinen Sorten wächst dagegen niedrig und in die Breite.

Fichte

Die Gewöhnliche Fichte *(Picea abies)* – landläufig als «Rottanne» bezeichnet – steht in vielen Gärten, obwohl sie dafür nicht ideal ist. Sie wächst viel zu schnell, ist immer durch Windbruch gefährdet oder läuft bei schweren Stürmen Gefahr, entwurzelt zu werden. (In meinem Garten mussten bereits mehrere Fichten aus diesen Gründen gefällt werden.) Es gibt von ihr jedoch zahlreiche gartengeeignete Züchtungen mit niedrigerem Wuchs und Sonderformen, beispielsweise die Nestfichte.

Wegen ihres schmalen, fast säulenförmigen Wuchses wurde früher häufig die Omorika-Fichte *(Picea omorika)* gepflanzt. Sie prägt noch heute viele ältere Gärten und ganze Siedlungen. Sehr beliebt war einst auch die Colorado-Fichte oder Stech-Fichte *(Picea pungens)* und die gleichmäßig wachsende Blau-Fichte (*Picea pungens* 'Glauca'), die im Garten einen Weihnachtsbaum abgeben.

Fichten leiden sehr unter der derzeit herrschenden Trockenheit; viele Bäume sterben ab. Deshalb sei eher vom Pflanzen abgeraten.

Kiefer

Da Kiefern Trockenheit relativ gut vertragen, fällt in Zeiten des Klimawandels die Wahl oft auf diese Gattung. Die Wald-Kiefer *(Pinus sylvestris)* und die sehr hoch wachsende Österreichische Schwarz-Kiefer *(Pinus austriaca)*, die normale Wohnhäuser überragen, sind nur etwas für sehr große Gärten oder Parks.

< Wacholder mit ausgebreitetem Wuchs

^ Omorika-Fichten mit schmalem Wuchsbild sind in vielen älteren Gartenanlagen zu sehen

> Kiefern können auf kleinen Hausgrundstücken schnell sehr groß werden

Die Berg-Kiefer *(Pinus mugo)* eignet sich am besten für Hausgärten. Die Art wächst als Großstrauch oder kleiner Baum und wird nur 4–5 m hoch und fast ebenso breit. Von der Art sind viele Sorten mit niedriger Wuchshöhe und besonderen Wuchsformen gezüchtet worden, auch viele Zwergsorten. Sie passen gut in größere Steingärten oder sogar in Pflanzkübel.

Eibe

Die Europäische oder Gewöhnliche Eibe *(Taxus baccata)* ist äußerst formenreich. Die Art selbst ist mit 5–15 m ein eher mittelhoher Baum, der fast ebenso in die Breite wächst, also einen raumgreifenden Wuchs zeigt. Wer Eiben in den Garten holen möchte, hat die Qual der Wahl zwischen kleinen Bäumen, niedrigen und hohen Sträuchern in Hänge-, Säulen-, Kegel- oder breitbuschiger Form und mit verschieden gefärbten Nadeln. Sehr verbreitet ist die Säulen-Eibe 'Fastigiata', die 5–7 m hoch wird und eine Breite von

2–3 m erreicht. Oder die noch etwas schmalere Sorte 'Fastigiata Robusta' mit schwarzgrüner Benadelung, die auf vielen Fotos in diesem Buch im Hintergrund mit abgebildet ist. Die Säulenform gibt es auch mit gelbbunter Benadelung als 'Fastigiata Aureomarginata'.
Mir gefallen Eiben wegen ihres Fruchtschmucks und ihrer geschmeidigen Zweige. Und ich schätze sehr, dass sich unter ihrem dichten Astwerk Tiere verstecken können.
Eiben sind sehr schnittverträglich und treiben sogar aus dem Stumpf noch aus. Beim Absägen dickerer Äste sollte man nur mit guten Sägen zu Werke gehen, da das Eibenholz sehr hart ist. Für Formschnitthecken eignen sich die Sorten der Hecken-Eibe (*Taxus × media*) am besten (siehe Seite 68).

Abendländischer Lebensbaum

Der Abendländische Lebensbaum *(Thuja occidentalis)* gehört zum Standardprogramm in neuzeitlichen Siedlungsgärten. Sehr beliebt ist beispielsweise die Säulenform *Thuja occidentalis* 'Columna'. Der Lebensbaum ist wegen seines dichten, immergrünen Wuchses mehr denn je vor allem als Heckengehölz gefragt (siehe Seite 67). Eine Thujahecke schließt fast so dicht wie eine Wand. Das merkt man im Winter bei tief stehender Sonne besonders deutlich. Durch die lebende

^ Von der Eibe gibt es viele Wuchsformen

< Alle Teile der Eibe sind hochgiftig, doch nicht der rote Samenmantel (Arillus). Vögel picken die Scheinbeeren eifrig weg

> Die ausdrucksstarke Araukarie braucht Einzelstand, wie hier malerisch platziert am Bodenseeufer

Wand dringt kein Lichtstrahl. Düster, kalt und frostig ist es in ihrem Schatten. Deshalb plädiere ich dafür, Thuja auf den Friedhof zu verbannen! Fast ebenso formenreich ist der Riesen-Lebensbaum *(Thuja plicata)* mit dem attraktiven Kleinbaum 'Excelsa'.
Die ähnliche Scheinzypresse finde ich freundlicher. Sie unterscheidet sich von Thuja durch ihre überhängenden Wipfel. Sicheres Erkennungsmerkmal für Thuja wiederum sind die senkrecht stehenden, fächerartigen Zweige.

Hemlocktanne

Die Kanadische Hemlocktanne *(Tsuga canadensis)* gefällt mit ihrem lockeren Wuchs und ihren kleinen braunen Zapfen. Sie bleibt niedriger als die heimischen Nadelgehölze und wird nur 12–15 m hoch und 4–8 m breit. Häufig wächst sie mehrstämmig. Die Gehölzart verträgt allerdings keine Trockenheit, was ihr das Überleben in Zeiten des Klimawandels schwer macht.

Zwergformen von Nadelgehölzen für Kästen und Gräber

Neben den mittelgroßen bis großen Wuchsformen gibt es von Eibe, Fichte, Hemlocktanne, Kiefer, Tanne, Scheinzypresse, Thuja und Wacholder auch kleinwüchsige Formen und Zwergformen. Diese eignen sich für die Bepflanzung von Kübeln und Kästen sowie für die Grabgestaltung. Im offenen Gartenraum haben sie dagegen nichts zu suchen. Friedhofsbepflanzung will ich in meiner Wohnumgebung nicht haben. Die nur bis etwa 50 oder 100 cm hoch wachsenden Zwergformen der verschiedenen Arten tragen passenderweise Sortennamen wie 'Nana', 'Gnom' oder 'Knirps'.

Winterliche Gartenpraxis mit Gehölzen

Die winterlichen Arbeiten im Garten drehen sich vor allem um Bäume und Sträucher. Da ist zum einen der Auslichtungsschnitt bei Obst- und Ziergehölzen zu bewältigen, der bis Ende Februar abgeschlossen sein muss. Andererseits ist in frostfreien Zeiten – neben den anfallenden Pflegearbeiten – auch Pflanzzeit für viele Gehölze.

Umgang mit Laub und Astschnitt

In älteren, schon länger angelegten Gärten stehen meist viele groß gewordene Gehölze. Aus ökologischer Sicht bieten solche Gärten viel; sie sind ein Paradies für Vögel, Igel und andere Kleinsäuger. Allerdings machen Bäume und Sträucher durch den nötigen Rückschnitt und durch den Laubfall viel Arbeit.
Man kann gärtnerisch perfekt damit umgehen (intensiv) oder alles etwas lockerer sehen (extensiv) – mit allen Zwischenstufen. Ich beispielsweise lasse in meinem Garten das Laub erst einmal auf Beeten und Grünflächen liegen, weil ich etwas für Vögel und Kleintiere tun will. Die Amseln jedenfalls lockt die Laubschicht an. Sie durchwühlen sie auf der Suche nach Würmern und anderem Nahrhaften. Überhaupt ist mein Garten ein Stelldichein für Vögel, weil er jede Menge Unterschlupfmöglichkeiten und Futterquellen bietet. Kleinsäuger gibt es auch. Und – als Krönung – zeigte sich sogar ein Hermelin im zurückliegenden Winter. – Für mich war es ein erhebendes Erlebnis, als dieses elegante Tier mit weißem Fell durch den Garten flitzte und unter einem Buchsbusch verschwand!
Doch irgendwie muss in allen Gärten, ob intensiv oder extensiv bewirtschaftet, das organische Material gehandhabt und von Beeten und Grünflächen abgeräumt werden. Auslichtungsschnitte und Rückschnitte an Gehölzen sind ebenfalls notwendig. Es gehört zu den Pflichten eines Gartenbesitzers, dafür zu sorgen, dass an den Grundstücksgrenzen nichts überhängt. Da muss man alle Möglichkeiten der Verwertung in Betracht ziehen. Man kann Laub und Astschnitt zu Sammelplätzen bringen oder über die Grünguttonne entsorgen. Oder man kann es im Garten lassen und damit an den Kreislauf der Natur zurückgeben. Was man alles damit machen kann, liste ich nachfolgend auf.

Kompostieren

Im Sinne eines ökologischen Kreislaufs wäre es optimal, das Material selbst zu kompostieren und die daraus entstehende Erde wieder im Garten auszubringen. Doch Laub und Astschnitt verrotten aufgrund ihrer ungünstigen Zusammensetzung und ihres hohen Kohlenstoffanteils nur schwer, deshalb müsste leicht verrottbares, stickstoffreiches Material beigemischt werden. Das steht aber häufig nicht in ausreichender Menge zur Verfügung.

> oben **Auslichtungsschnitt bei Gehölzen steht in den Wintermonaten auf dem Programm**

> unten **Berge von Laub fordern im Spätherbst und Frühwinter Gartenbesitzer heraus**

Was es mit dem C/N-Verhältnis auf sich hat

Warum die Zusammensetzung des Kompostiermaterials so wichtig ist, hängt unter anderem mit dem C/N-Verhältnis zusammen. Der Begriff steht für das Gewichtsverhältnis von Kohlenstoff (C) zu Stickstoff (N). Die beiden Stoffe sollten etwa im Verhältnis 10:1 bis 15:1 zueinander stehen, damit das Kompostieren gut und rasch abläuft. Das lässt sich durch Mischen der Kompostiermaterialien erreichen. Wenn das C/N-Verhältnis nicht im optimalen Bereich liegt, dauert die Rotte sehr viel länger. Das ungefähre C/N-Verhältnis der Materialien sollte man also immer annähernd im Kopf haben.

C/N-Verhältnis bei verschiedenen Ausgangsstoffen:

- Gemüse- und Küchenabfälle 12:1 bis 25:1
- Rasenschnitt 12:1
- Laub 30:1 bis 60:1 (je nach Gehölzart unterschiedlich)
- Holzschnitt 100:1 bis 150:1

Auf wilden Haufen deponieren

Man kann es sich auch einfach machen: In großen Gärten bietet es sich beispielsweise an, organisches Material einfach in einer Gartenecke auf Haufen zu deponieren, ohne sich die Mühe des Kompostierens mit Mischen, Aufsetzen und womöglich Umsetzen zu machen. So schafft man Lebensräume für Kleinsäuger und Amphibien. Allmählich verrotten Laub und Gehölzschnitt doch und werden im Lauf von Jahren zu Erde. Das humose Material kann dann womöglich an anderer Stelle im Garten genutzt werden, um den Boden zu verbessern. Nur als Dünger hat es dann keinen Wert mehr.

Häckselmaterial als Wegebelag nehmen

Eine weitere einfache Verwertungsmöglichkeit für holziges Material besteht darin, es zu häckseln und das Gehäckselte als Wegebelag oder zum Mulchen unter Gehölzen zu verwenden. Das Häckselmaterial verrottet allmählich und wird zu Erde. – Auch eine Form von Recycling, bei dem die im Holz enthaltenen Nährstoffe im Garten bleiben.

Astmaterial verbauen

Eine kreative Variante, mit Astschnitt umzugehen, ist es, Zäune daraus zu bauen. Die biegsamen Zweige und Ruten von Haselnuss und Weide lassen sich gut zwischen stärkere Stämme einflechten.

Hochbeet oder Hügelbeet füllen

Astschnitt und Laub eignen sich bestens als Unterbau in einem Hügelbeet oder als Füllmaterial fürs Hochbeet. Auch hier verrottet das Material allmählich, sackt in sich zusammen und wird zu Erde.

Gehölze pflanzen

Nach dem Laubfall beginnt die Pflanzzeit für Gehölze. Solange der Boden noch nicht gefroren ist, kann gepflanzt werden. Früher wurden viele Gehölze wurzelnackt gepflanzt. Heute bieten die Baumschulen viele Pflanzen getopft an, was Ganzjahrespflanzung möglich macht.

Wie auch immer – vor dem Pflanzen sollte der Boden gut vorbereitet werden. Auf jeden Fall muss das Pflanzloch größer als der Wurzelballen ausgehoben werden. Bei sehr schweren oder sehr leichten Böden empfiehlt es sich, das anstehende Erdreich mit Pflanzerde zu verbessern. Geknickte oder beschädigte Wurzeln werden eingekürzt. Oberirdische Triebe werden nur behutsam geschnitten.

Beim Pflanzen großer Sträucher oder Bäume sollte man zu zweit sein, sodass einer das Gehölz festhalten und der andere Erde ins Pflanzloch schaufeln kann. Das Erdreich um den Wurzelballen wird entweder mit den Händen festgedrückt oder notfalls mit den Füßen festgetreten. Anschließend wird mit starkem Wasserstrahl eingeschlämmt, damit das Erdreich in die Zwischenräume rutscht. Bei abfallendem Gelände einen

Gießrand lassen. Die Pflanzscheibe am besten mit einer Mulchschicht oder mit einem Wurzelkragen abdecken, sodass Wasser im Boden bleibt und das Unkraut unterdrückt wird.

Beim Pflanzen auf genügend Abstand achten

Den Pflanzplatz sollte man mit Bedacht auswählen, denn Gehölze bleiben lange stehen. Einmal gemachte Fehler lassen sich später kaum noch korrigieren. Dabei ist es wichtig, auf den Grenzabstand zu achten – zu Nachbargrundstücken, aber auch innerhalb des eigenen Grundstücks zu Gebäuden und zu anderen Gehölzen. Wer sich an die von Land zu Land unterschiedlichen Vorschriften hält, spart sich in späteren Jahren viel Ärger mit den Nachbarn.

< Auch eine Idee: eine Art halbe Hütte aus Astwerk und Laub als Wohnstatt für Kleingetier

> Ein Wurzelkragen aus Sisal unterdrückt Wildwuchs und hält Wasser im Boden

Abdecken und Frostschutz

Frisch gepflanzte und junge Gehölze muss man im Winter besonders im Auge behalten.

In der Anwachsphase brauchen sie Wasser. Während Trockenphasen, die es auch im Winter gibt, sollten sie deshalb unbedingt durchdringend in den Ballenbereich gewässert werden. Unter Umständen ist in der Anwachszeit auch Frostschutz nötig. In milden Wintern ohne starke Kahlfröste kann man sich das Abdecken und Einhüllen jedoch sparen. Ich handhabe es schlicht so, dass ich die Fichtenzweige von der Weihnachtsdekoration zum Abdecken nehme.

Das Abdecken ist erfahrungsgemäß ohnehin erst im Spätwinter angesagt, wenn die Sonne tagsüber stark einstrahlt und die Nächte frostig sind. Stark wechselnde Temperaturen führen zu Spannungen im Gewebe und können die Rinde der Gehölze schädigen. Hauptsächlich um diese starken Temperaturunterschiede zwischen Tag und Nacht abzumildern, ist

das Abdecken eine notwendige Maßnahme. Beständig tiefe Temperaturen hingegen vertragen die Gehölze besser.

Gehölze im Kübel sind im Winter besonders gefährdet. Abgesehen von möglichen Schäden an der Rinde besteht bei ihnen eine sehr hohe Gefahr, dass der Wurzelballen durchfriert. Da kann es nötig sein, den Topf selbst zum Schutz vor Kälte und wechselnden Temperaturen einzuhüllen. Jute und Sisal bietet der Handel für diesen Zweck an. Vor stark wechselnden Temperaturen lassen sich Kübelpflanzen ganz einfach schützen, indem man sie an beschatteten Stellen aufstellt.

Stammanstrich

Ein Stammanstrich schützt die Rinde; er dient einerseits dem Frostschutz, andererseits der Schädlingsregulierung an Obstbäumen.

Rückschnitt

Der Winter ist auch die Zeit für den Gehölzrückschnitt, für Auslichtungsschnitte bei Laubgehölzen und Obstgehölzen. Das muss für jede Art individuell gehandhabt werden.

Frühjahrsblühende Gehölze wie Forsythie, Duft-Schneeball oder Ranunkelstrauch sollte man nie im Winter zurückschneiden, sondern erst nach der Blüte. Immergrüne Gehölze werden dagegen in der warmen Jahreszeit zurückgeschnitten.

Einigen wenigen Gehölzen wie dem Sommerflieder tut der radikale Rückschnitt bis knapp über dem Boden gut.

Bis Ende Februar muss der Gehölzschnitt aus Gründen des Vogelschutzes abgeschlossen sein.

Schutz vor Wildverbiss

Für Gartenbesitzer am Rand von Siedlungen oder in freier Landschaft ist Wildverbiss immer ein Thema. Vor allem in kalten Wintern mit geschlossener Schneedecke suchen Wildtiere auch im menschlichen Umfeld verstärkt nach Nahrung und kommen dabei auch in Gärten.

Hasen und Kaninchen fressen Grünkohlblätter und nagen Baumrinde ab. Auch Biberfraß kann ein Problem sein. Junge Obstbäume sind besonders gefährdet. Sie sollten zum Schutz vor Wildverbiss mit Drahthosen ummantelt werden. Generell ist es sinnvoll, Gärten einzuzäunen, damit Rehe und andere Wildtiere nicht in den Garten gelangen können. Bei Gärten im Außenbereich ist das jedoch nicht immer erlaubt. Maschendrahtzäune, die Kaninchen abhalten sollen, müssen tief in den Boden reichen, damit die Tiere sich nicht darunter hindurchwühlen können.

Was tun mit Misteln?

In manchen Regionen zählen Mistelzweige traditionell zum winterlichen Brauchtum. Die Leute hängen Mistelzweige an Türen oder Balken auf. Doch Misteln an Bäumen sind nicht so gern gesehen. Die Mistel *(Viscum album)* ist nämlich eine Halbschmarotzerpflanze, die Bäume durch Wasser- und Nährstoffentzug schädigt und sogar zum Absterben bringen kann. Vor allem Streuobstbäume, die ja auch in Gärten stehen, sind davon bedroht. In manchen Regionen mit überalterten Obstbaumbeständen ist der übermäßige Mistelbesatz bereits ein echtes Problem.

Der Ausbreitung der Mistel sollte also Einhalt geboten werden, allerdings kann man vorbeugend wenig tun. Die Vögel, denen die Beeren als Nahrung dienen, kann man schließlich nicht darin hindern, dass sie Misteln anfliegen und sich auf ihren Ästen niedersetzen. Obstbaufachleute empfehlen, von Misteln befallene Äste abzuschneiden, und zwar bis in 50 cm Entfernung von der Basis. Bei der derzeitigen Befallssituation wäre das Ausschneiden der vielen von Misteln besetzten Bäume mit großem Aufwand verbunden. Wenn die Misteln an Außenästen sitzen, ist das Ausschneiden machbar – doch was tun, wenn die Misteln am Stamm sitzen? Da wäre das Fällen des ganzen Baumes die logische Konsequenz. Momentan ist keine Lösung für dieses Problem in Sicht, das sich mit der zunehmenden Überalterung und mangelnder Pflege der Streuobstbestände noch verschärfen dürfte. Es gibt schlicht zu wenige Menschen, die sich mit dem Obstbaumschnitt auskennen und diese Fertigkeit praktizieren.

< links Fichtenreisig schützt Rosen und frisch gepflanzte Stauden vor wechselnden Temperaturen

< rechts Ein heller Stammanstrich verhindert das Aufplatzen der Rinde bei starker Sonneneinstrahlung

^ Eine Drahtummantelung schützt Obstbäume vor Fegen durch Wild und vor Biberfraß

> In Streuobstbeständen siedeln sich häufig Misteln an, die im Übermaß den Obstbäumen schaden

Stauden

Der Stauden- und Blumengarten bietet auch mitten im Winter viele Gelegenheiten zum Beobachten. Man muss nur etwas genauer hinschauen, dann lassen sich interessante Pflanzengestalten und sogar Blühendes entdecken. Das Staudenreich hat hier sehr viel zu bieten: in Form von Blättern und Stängeln, von Fruchtständen und Färbungen. Vor allem wintergrüne Stauden, rosettenbildende Zweijährige und Polsterstauden sowie Halbsträucher sind wichtig. Wie verzaubert wirken manche Pflanzengestalten, wenn Raureif sie überzieht.

Gartenliebhaber schätzen die vielfältigen Staudengestalten, weil sie den Garten während des langen Winters lebendig machen. Die Gewächse füllen die blütenarmen Monate, bis sich der Vorfrühling mit Winterlingen, Schneeglöckchen und Krokussen ankündigt.
In diesem Kapitel ordne ich die im Winter interessanten Stauden in der ungefähren Reihenfolge ihres Auftritts während des Winters an.

< Das Staudenreich hat mit Verdorrtem und Immergrünem viel für den winterlichen Garten zu bieten

Wuchs- und Lebensformen der Pflanzen

Bei all dem Betrachten liegt es nahe, sich mit den Wuchseigenschaften und den Lebensformen der Pflanzen zu befassen. Profigärtner unterscheiden die Gartenpflanzen u. a. in Einjährige, Zweijährige, Stauden mit krautigem Wuchs sowie in verholzende Halbsträucher und Sträucher bzw. Bäume. In guten Pflanzenkatalogen und Gartenbüchern findet man diese Kategorisierung bei jeder Pflanzenart in Form von Symbolen.

Zweijährige Pflanzen wie Königskerzen, Muskateller-Salbei oder Fingerhüte entwickeln sich im ersten Jahr nur vegetativ; sie blühen und fruchten erst im zweiten Jahr.

Stauden sind ausdauernde Gewächse, die einige Jahre bis Jahrzehnte (wie die langlebige Pfingstrose) überdauern. Zu ihnen zählen auch Polsterstauden, Farne und Gräser.

Halbsträucher sind ebenfalls ausdauernd und unten verholzt; die oberen krautigen Triebe sterben im Winter ab. Bekannte Beispiele sind Garten-Salbei, Heiligenkraut und Blauraute. Aus gärtnerischer Sicht ist es sinnvoll, diese Pflanzen bei den Stauden einzuordnen, auch wenn dies botanisch nicht korrekt ist.

Eine andere, etwas abweichende botanische Kategorisierung teilt die Pflanzen nach der Lage ihrer Überwinterungsorgane ein. Demnach gibt es:

Therophyten – einjährige Arten, die ihren Lebenszyklus in kurzer Zeit abschließen

Phanerophyten – Pflanzen, bei denen die Überwinterungsorgane dauerhaft mehr als etwa 50 cm oberhalb der Erdoberfläche liegen

Chamaephyten – Pflanzen mit oberirdisch liegenden, zum Teil auch verholzenden Überdauerungsorganen; dazu zählen Zwergsträucher, Halbsträucher, krautige Chamaephyten

Hemikryptophyten (= Erdschürfepflanzen) – ausdauernde Pflanzen, deren oberirdische Sprosse im Winter absterben; ihre Überdauerungsorgane sind oft durch Blatt- und Sprossreste an der Bodenoberfläche geschützt

Geophyten – Zwiebel- und Knollengewächse

Hydrophyten – Wasserpflanzen

Gestalterische Einbindung

Ein Garten ist nicht nur mit winterschönen Stauden bestückt, sondern sie sind lediglich Teil der Gesamtkomposition. Es muss also immer eine Gesamtplanung mit allen Gestaltungskomponenten gemacht werden (siehe auch Seite 35). Dabei geben architektonische Elemente und Gehölze die Grundstruktur vor; Stauden und Sommerblumen werden auf sie abgestimmt.

Viele Gartenbesitzer platzieren attraktive Winterstauden im Vorgarten, an Gartenwegen oder an der Terrasse entlang, wo sie häufig den Blick auf sich ziehen.

< links Die Polsterstaude Blaukissen und die beiden Sorten des Garten-Salbeis überwintern grün

< rechts Die immergrüne Korsische Nieswurz ist ein Blickfang in winterlichen Gärten

Pflege über den Winter

> Gut eingewurzelte Stauden und Halbsträucher überstehen auch harte Winter. Nur frisch gepflanzte Exemplare sollte man vor Frost schützen

Auf dem Staudenbeet ist über den Winter wenig zu tun. Blumenzwiebeln können bis in den Dezember hinein noch im Boden versenkt werden. Andere Stauden sollten bis Ende Oktober/Anfang November im Boden sein, sodass die Stauden bis zum ersten Frost noch etwas einwurzeln können. Für empfindliche Stauden wie beispielsweise Garten-Chrysanthemen und Gräser beginnt die Pflanzzeit dann erst wieder im Frühjahr.

Das Pflanzen muss sorgfältig geschehen, sodass die Wurzelstöcke oder Topfballen einen guten Kontakt zum Erdreich bekommen. Hier ist ein kurzzeitiges Einschlämmen hilfreich, denn es sorgt dafür, dass Erde in Hohlräume nachrutscht. Durchdringendes Gießen in den Wurzelbereich ist auch in der Zeit danach noch sinnvoll und oft sogar notwendig, vor allem während Trockenphasen, die es auch im Winter gibt.

Ich rate zudem, frisch gepflanzte Stauden über Winter zu kontrollieren und wiederholt gut festzudrücken.

Blühendes im Frühwinter

Wenn Stauden nicht anwachsen wollen, ist häufig eine schlechte Verbindung zum Erdreich der Grund.
Bei frisch gepflanzten Stauden kann Winterschutz nötig sein, ebenfalls bei tiefem und lang anhaltendem Kahlfrost. Für solche Fälle sollte man Abdeckmaterial bereithalten, in Form von Vlies, alten Säcken oder dergleichen. Eingewachsene Stauden brauchen normalerweise keinen Winterschutz.
Laub kann ebenfalls als Abdeckmaterial verwendet werden. Doch Vorsicht: Man sollte bedenken, dass es auch Stauden gibt, die unter einer Laubdecke ersticken, Polsterstauden beispielsweise oder Garten-Chrysanthemen. Auch auf Rasen sollte man kein Laub liegen lassen, sondern es abrechen, weil die darunterliegenden Gräser womöglich ersticken und faulen. Andererseits gibt es Stauden, wie beispielsweise die Ungarwurz (siehe Seite 134), die Laub regelrecht «schlucken».

In den meisten Jahren setzt im Lauf des Oktobers eine kurze Frostperiode ein, die viele Stauden und sogar Sommerblumen noch unbeschadet überstehen. Vor allem solche, die geschützt nahe am Haus stehen. Etliche Arten erfreuen mit einer Nachblüte, beispielsweise Glockenblumen-Arten oder Chinesische Bleiwurz.
Bei einigen Arten und Sorten setzt die Blüte dem natürlichen Rhythmus folgend ohnehin erst sehr spät im Jahr ein. Das ist bei spät blühenden Sorten der Garten-Chrysantheme der Fall, ebenso bei der Christrose.

Garten-Chrysanthemen oder Winterastern

Die schönen Gartenstauden trumpfen im Oktober und November noch einmal so richtig auf mit ihrer Farbenpracht und ihrer Blütenfülle, manchmal sogar noch nach dem ersten Frosteinbruch. Landläufig heißen sie Winterastern. Doch dass es keine Astern im botanischen Sinne sind, wird schnell klar, wenn man

an den Blättern entlangstreicht oder an ihnen reibt. Der typische Geruch entlarvt sie als Chrysanthemen. Um genau zu sein, handelt es sich um Garten-Chrysanthemen (*Chrysanthemum × grandiflorum*). Die Gemeinsamkeit besteht darin, dass beide Gattungen zur Familie der Korbblütler gehören.

Garten-Chrysanthemen zieren vor allem sonnige Rabatten in ländlichen Gärten Süddeutschlands und der Schweiz. Auf kalkhaltigen, gut gedüngten Böden entwickeln sie sich am besten. Wer sich im Oktober und November an der Staudenart erfreuen möchte, sollte explizit spät blühende Sorten wählen, beispielsweise die silberrosafarbene Sorte 'Nebelrose' mit gefüllten, sehr edlen, strahlenartigen Blüten. Nahezu identisch ist die Sorte 'Emperor of China'. Die etwa 90 cm hoch wachsende Sorte 'Oury' blüht einfach weinrot mit gelber Mitte. Die etwas niedrigere, halbgefüllte Sorte 'Schneewolke' hat cremeweiße Blüten mit gelber Mitte.

^ Die Blätter der Garten-Chrysanthemen zieren auch

< Garten-Chrysanthemen-Sorten wie 'Emperor of China' sind auch wertvolle, in der Vase lange haltbare Schnittblumen

> Späte Sorten der Garten-Chrysantheme setzen noch im November und Dezember Farbtupfer in den Garten

'Schweizerland' weist gefüllte, rosaviolette Blüten auf. Eine gute Gesamtwirkung ergibt sich, wenn gleich mehrere Sorten in genügend großem Abstand nebeneinanderstehen. Eine Staude allein wirkt etwas verloren. So verschiedenfarbig sie sind, mit ihren leicht verwaschenen Farbtönungen passen sie immer gut zusammen.

Und auch das Blattwerk verdient bei Garten-Chrysanthemen Beachtung. Die Blätter haben eine buchtig-fiederlappige Form, was sehr dekorativ wirkt. Sie fassen sich etwas ledrig-dicklich an. Bei der Sorte 'Nebelrose' färben sich die Blattadern im Herbst weinrot, bis schließlich die ganzen Blätter im Spätherbst dunkelweinrot werden, was die Staude zusätzlich ziert. Wer sich lange an den Stauden erfreuen möchte, muss sie sicher über den Winter bringen. Zu beachten ist, dass sie im Winter eher trocken stehen wollen und eine Abdeckung aus Laub nicht vertragen; am besten schützen sich die Stauden selbst mit ihren dürren Stängeln. Diese sollten also erst einmal stehen bleiben und erst im Spätwinter zurückgeschnitten werden, wenn keine Fröste mehr zu erwarten sind.

Übrigens sind Garten-Chrysanthemen hervorragende Schnittblumen. Bevor es richtig kalt wird, sollten Blumenfreunde Blütentriebe für die Vase schneiden und auf diese Weise die spätherbstliche Farbenpracht bis tief in den Winter hinein in die Wohnung retten.

Stauden, die durch verdorrte Stängel wirken

In vielen Gärten wird im Herbst alles auf dem Staudenbeet bis zum Boden abgeschnitten. Doch solch ein Radikalschnitt ist nicht nötig, denn damit beraubt man sich vieler reizvoller Gartenimpressionen. Abgeblühte Stauden wie Astern, Rudbeckien, Mädchenauge, Brandkraut, Herbst-Fetthenne und Ziergräser bereichern mit ihrem vergilbenden Blattwerk oder ihren Fruchtständen noch bis zum Winter das Gartenbild. Lassen Sie die Staudenstängel einfach so lange wie möglich stehen. Bei vermehrungsfreudigen Stauden, wie beispielsweise Kanadischer Goldrute oder Herbstaster, ist es jedoch ratsam, die Stängel abzuschneiden, bevor sie aussamen.

Viele Stauden haben die Eigenschaft, dass sie über den Winter «einziehen», sodass über der Erde fast nichts mehr von ihnen zu sehen ist. Dies ist der Fall beispielsweise bei Astilben, Funkien *(Hosta),* Pfingstrosen, Raublatt-Astern, Rittersporn, Sonnenauge, Stauden-Phlox und Taglilien. Bei diesen sitzen die Überwinterungsknospen unmittelbar an oder unter der Erdoberfläche. Ihren Standplatz erkennt man oft nur an dürren Blatt- und Stängelresten. Ästhetisch reizvoll sehen die nachfolgend vorgestellten Arten aus:

Brandkraut

Das Brandkraut *(Phlomis samia)*, das im östlichen Mittelmeerraum, in Griechenland und der Türkei, zu Hause ist, zieht die Blicke auf sich. Die Staude sieht aus wie eine überdimensionierte Taubnessel. Die quirlförmig angeordneten hellgelben Blüten sitzen auf langen (ca. 120 cm hohen), starren Stängeln. Mit anderem Namen heißt das Brandkraut deshalb auch «Goldquirl». Nach der lang anhaltenden Blüte im Juni–Juli lasse ich die Blütenstiele stehen. Das Brandkraut ist eine Staude, die auch abgeblüht noch äußerst dekorativ aussieht, vor allem, wenn sich Schnee wie eine Haube auf die Quirle der Blütenstände legt. Ich schätze die Staude auch deswegen sehr, weil ich mich kaum um sie kümmern muss. Erst im Spätwinter vor dem Austrieb schneide ich die dürren Stängel ab.

v Verdorrte Stauden von links nach rechts: Herbst-Anemone, Quirlblättriges Mädchenauge, Dreilappige Rudbeckie

^ oben Vom Schnee geschaffenes Kunstwerk mit verdorrten Fruchtständen des Brandkrauts

^ unten Bei dekorativen Stauden wie dem Brandkraut sollte man das Abgeblühte stehen lassen

> Herbst-Fetthenne und Polsterstauden wie verzaubert vom Schnee

Herbst-Fetthenne

Bei den Herbst-Fetthennen (*Sedum spectabile* und *S. telephium*) bleiben die abgestorbenen Blütenstängel bis tief in den Winter hinein stehen. Man sollte sich den winterlichen Anblick der Stauden mit von Raureif oder Schnee bedeckten Stängeln nicht entgehen lassen. Bei Exemplaren, bei denen die Triebe abgeschnitten worden sind, schauen bereits im Spätherbst hübsche röschenartige Triebspitzen aus der Erde heraus.

Stauden, die grün überwintern

Es ziehen sich jedoch keineswegs alle Staudenarten ganz in den Boden zurück. Sehr viele Staudenarten haben ihre Überdauerungsorgane unmittelbar an oder über der Erdoberfläche. Diese Stauden wachsen horstförmig, bilden Rosetten, Blattschöpfe oder gar Stämmchen aus.

Bergenie

Hinter einer Mauerkrone ist für die Bergenie *(Bergenia)* der beste Platz. Sie fällt mit ihren großen, rundlichen und ledrigen Blättern auf. Bei einigen Sorten wie 'Oeschberg' sind die Blätter den Winter hindurch rötlich gefärbt. Bereits sehr bald im Frühjahr zeigen sich die weißen oder rosafarbenen Blütenknospen. Bergenien gedeihen noch an schwierigen, sehr trockenen Plätzen unter Gehölzen – an der Sonne genauso wie im Halbschatten.

Walzen-Wolfsmilch

Andere wintergrüne Arten mögen es sonnig und trocken. Eine auffällige Gestalt hat die Walzen-Wolfsmilch *(Euphorbia myrsinites)*, deren eigenartige walzenförmige Triebe auch im Winter zu sehen sind. Die robuste Staude findet ihren passenden Platz am Wegrand oder hinter einer Mauerkrone.

Christrose

Die Christrose oder Schneerose *(Helleborus niger)* steht in vielen Gärten. An manchen Orten entfalten sich die schalenförmigen weißen Blüten mit einem rosafarbenen Hauch schon zu Allerheiligen. Anderswo lässt sich die Christrose mit dem Blühen bis Weihnachten oder sogar bis zum Frühjahr Zeit. Es handelt sich dabei immer um die gleiche Pflanzenart, je nach Herkunft blühen die einzelnen Exemplare jedoch zu unterschiedlichen Zeiten. Zusätzlich kann der Blühzeitraum von Jahr zu Jahr variieren. In Staudengärtnereien bekommt man besonders früh, bereits ab Oktober, blühende Exemplare der Sorte 'Praecox', die deswegen auch Allerheiligenchristrose heißt. Die Blütenblätter sind zunächst weiß (oft mit einem rosa Hauch auf der Knospe), verfärben sich beim Abblühen rosa und vergrünen schließlich. Die Blütenstängel sind ein schöner Schmuck für die Vase! Die Sorte 'Maximus' hat besonders große Blüten.

Wenn man die Pflanze teilt und genau betrachtet, wird deutlich, weshalb die Christrose in ihrem botanischen Namen den Beinamen *niger* trägt: Ihr Wurzelstock ist nämlich schwarz gefärbt. Mit ihm hat es eine besondere Bewandtnis: Im Mittelalter benutzten die Leute den zu Pulver zermahlenen Wurzelstock der Staude als Schnupfpulver; die Christrose hieß deshalb auch Schwarze Nieswurz.

< Die ledrigen Blätter der Bergenie und Bodendecker-Geranium bilden das ganze Jahr über eine grüne Decke

^ Die Walzen-Wolfsmilch ist leicht an ihrem blaugrünen, wie schuppig angeordneten Blattwerk zu erkennen

> Bei der Christrose sind die Blätter im Winter grün

ORIENTALISCHE CHRISTROSE ODER LENZROSE

Für mich stellt die Blüte der Lenzrosen (*Helleborus × orientalis*) den ersten Höhepunkt im Gartenjahr dar. Bereits im Januar oder Februar schieben sich die Blütenstände der Lenzrose durch die Schneedecke ans Licht. Die großen Blüten nicken zunächst und richten sich beim Verblühen auf. Die Art ist sehr formenreich mit Blüten in Schattierungen von Fleischfarben, Rosa, Purpurrot, Cremeweiß und Grünlich-Weiß – mit und ohne Sprenkel auf den Blütenblättern. In schönem Kontrast dazu stehen die fächerförmigen dunkelgrünen Blätter mit meist 7 (5–11) grob doppelt gesägten Einzelblättern, die im Winter grün sind. Sie sehen sehr dekorativ aus, wenn Raureif die Konturen betont. Die kräftigen Blütenstängel ragen etwa 50 cm in die Höhe. Kleinere Stauden haben neben den wuchskräftigen Lenzrosen keine Chance.

Die Lenzrose stammt ursprünglich aus Griechenland, der Türkei und dem Kaukasus und verwildert allenfalls aus Gärten und Parks hinaus in die freie Natur. Die robuste, horstförmig wachsende Staude vermehrt sich generativ und vegetativ und erobert so an passenden Standorten auf kalkhaltigem, lehmigem und durchlässigem Boden nach und nach größere Areale. Zur Hauptblütezeit im März und April ist ein großer Lenzrosenbestand ein erhebender Anblick! Die Staude passt wegen ihrer Pflegeleichtigkeit hervorragend in weitläufige Naturgärten, aber genauso gut in kleinräumige Vorgärten, wo sie sich im lichten Schatten wohlfühlt. Es ist eine der Stauden, die man weitgehend sich selbst überlassen kann. Lediglich die dürren Blätter muss man von Zeit zu Zeit entfernen.

Die Staudenzüchter haben Sorten mit interessanten Blütenformen und -farben im Sortiment. Gefragt sind solche mit aufrecht stehenden, purpurfarbenen oder gefüllten Blüten, wie die gefüllt blühenden Sorten 'Double Ellen Red' oder 'Picotee Double Ellen' mit rot gerandeten, wie gerüscht aussehenden Blütenblättern. Im Handel verbreitet sind Farb-Sorten der Lady-Serie, darunter ganz im Trend die dunkel metallisch glänzende 'Blue Metallic Lady' oder die gesprenkelte 'White Spotted Lady'.

Statt die Stauden im Topf zu kaufen, kann es gerade bei den *Helleborus*-Arten sehr reizvoll sein, sie selbst durch Aussaat oder Teilung zu vermehren. Säen Sie den Lichtkeimer am besten gleich nach der Samenreife im Sommer aus. Dann ist auch der beste Zeitpunkt zum Teilen. Die geringe Mühe wird schnell belohnt; die Stauden aus eigener Vermehrung blühen nach zwei bis vier Jahren.

^ Die Grüne Christrose *(Helleborus viridis)* schiebt im Januar oder Februar ihre aufrechten Blütenstängel ans Licht. Die Blätter folgen später

> Variantenreiche Lenzrose: Die vermehrungsfreudige Staude bringt durch Kreuzung immer neue creme-, rosa- oder fleischfarbene, häufig gesprenkelte blühende Exemplare hervor

Stauden, die Teppiche und Polster bilden

Waldsteinie

Ebenfalls wintergrün ist die Golderdbeere oder Ungarwurz *(Waldsteinia)*. Mit ihren gelappten Blättern und den dicht stehenden Blattrosetten setzt sie auch außerhalb der Blütezeit im Frühjahr Akzente. Die beiden *Waldsteinia*-Arten bringen unterschiedliche Eigenschaften mit. Die Dreiblättrige Waldsteinie *(Waldsteinia ternata)* bleibt eher niedrig und bildet Ausläufer. Die Gelappte Waldsteinie *(Waldsteinia geoides)*, etwa 25 cm hoch, bildet keine Ausläufer aus. Beide Arten vertragen Trockenheit. Die Staude gedeiht an sonnigen Plätzen, nimmt aber auch mit Halbschatten vorlieb. Und sie hat die geschätzte Eigenschaft, dass sie das Laub «schluckt».

Palmlilie

Die Palmlilie *(Yucca filamentosa)* ist wohl die auffallendste wintergrüne Staude mit langen, schopfig angeordneten, graugrünen Blättern. Der im Sommer erscheinende Blütenschaft ragt weit über den Blattschopf hinaus. Die Palmlilie steht am besten auf kalkhaltigen, durchlässigen Böden und kann sehr alt werden, sofern man in kalten Wintern für etwas Winterschutz sorgt.

Stauden mit polsterförmigem Wuchs sehen das ganze Jahr über ansprechend aus. Bei ihnen liegen die Überdauerungsorgane dicht dem Boden an. Dazu zählen die bekannten Steingartenpflanzen Gänsekresse *(Arabis)*, Blaukissen *(Aubrieta)*, Hornkräuter *(Cerastium)*, Teppich-Phlox *(Phlox subulata)*, einige Steinbreche (*Saxifraga* spec.), ebenso die niedrigen *Sedum*-Arten. Die Schleifenblume *(Iberis sempervirens)*, eigentlich ein Halbstrauch, jedoch mit Staudencharakter, sei an dieser Stelle ebenfalls genannt.
Auch die Grasnelke *(Armeria maritima)* bleibt im Winter grün. Bei Polsterpflanzen kommt es häufig im Spätherbst noch zu einer Nachblüte. Wegen ihrer frühen Blütezeit sind fast alle Arten sehr wertvolle Bienenweidepflanzen. Es gibt also Gründe genug, sie in den Garten zu holen.

Gänsekresse für Steingärten

Eine der Allerfrühesten ist die Gänsekresse *(Arabis)*. Der Kreuzblütler ist neben Blaukissen, Steinkraut und Schleifenblume ein Polsterpflanzen-Klassiker für Böschungen, Steingärten und Beeteinfassungen. Die Gänsekresse passt hinter Mauerkronen, in Trockenmauern und an Treppenwangen, überall in Kombination mit Stein. Sie gedeiht an sonnigen oder halbschattigen Plätzen auf gut dränierten Böden.
Die weiß oder hellrosa blühende Staude bildet lockere Polster. Sie blüht oft bereits im Februar (und je nach Klima- und Wetterlage schon früher im Winter). Das macht die Gänsekresse wertvoll als Bienenweidepflanze.
Die Staude ist sehr ausbreitungsfreudig und versamt sich, sodass sie «wie von selbst» an Plätzen aufkommt, wo sie nicht gepflanzt worden ist. Sie siedelt sich auch in Mauerritzen an.

In Gärten findet man häufig die Kaukasische Gänsekresse *(Arabis caucasica)*, die in Gebirgsregionen vom Mittelmeergebiet bis zum Kaukasus heimisch ist. Die Sorte 'Plena' trägt gefüllte Blüten; 'Schneehaube' blüht früh; 'Variegata' hat panaschierte Blätter. Die Ungarische Gänsekresse *(Arabis procurrens)*, die aus Gebirgsregionen auf der Balkanhalbinsel und in Rumänien stammt, verträgt auch Schatten; die Sorte 'Neuschnee' gefällt mit ihren dichten, tiefgrünen, Matten bildenden Polstern.

Normalerweise ist Anzucht und Verkauf der *Arabis*-Arten Sache der Staudengärtner. Zierpflanzengärtnereien bieten zudem Gänsekresse-Hybriden mit anderen Wuchseigenschaften an, kompakt wachsend und weiß und dunkelrosa blühend. Sie sind allerdings eher für Arrangements in Töpfen und Schalen geeignet, in Steingärten passen sie für mein Empfinden nicht so recht.

< oben Vom Purpurglöckchen gibt es viele Sorten mit ausdrucksstarken Blattformen und -färbungen

< unten Die exotisch anmutende Palmlilie erweist sich als erstaunlich robust

^ Die Polsterstaude Blaukissen blüht oft bereits im Januar und lockt Bienen an

> Die Gänsekresse blüht an geschützten Stellen mitten im Winter. Sämlinge sprießen aus Mauerfugen

Hornkraut

Hornkraut-Arten sind äußerst robuste Steingartenpflanzen. Das Silber-Hornkraut *(Cerastium biebersteinii)* wurde früher häufig in Steingärten gepflanzt. Die Blätter sind lineal bis lineal-länglich und graufilzig behaart. Bei genauem Betrachten der schmalen, gegenständigen Blätter erkennt man, dass das Hornkraut ein Nelkengewächs ist. Die genannte Art neigt zum Verwildern und sucht sich ihren Platz. Sie sprießt aus Mauerritzen und überwächst mattenartig Steinflächen. An einem alten Haus entdeckte ich sogar einmal Sämlinge, die aus den Ritzen eines Türrahmens spitzten. Man könnte sie deshalb (fast) als Unkraut ansprechen. Doch diese abwertende Einschätzung nimmt man gerne wieder zurück, wenn das Hornkraut im Mai–Juni Blüten aufsetzt. Hornkraut lässt sich gut vegetativ durch Teilung oder durch Risslinge vermehren.

In vielen Gärten sieht man das Filzige Hornkraut *(Cerastium tomentosum)*. Diese aus Mittel- und Süd-Italien stammende Art wächst kompakter und breitet sich nicht so stark aus wie *Cerastium biebersteinii*. Staudengärtnereien bieten oft die Varietät *Cerastium tomentosum* var. *columnae* an.

Die Stauden-Hornkräuter sind äußerst anspruchslos; sie nehmen wie am Naturstandort mit magerem, humusarmem Boden vorlieb. Trotzdem bilden sie

große Polster, die wie Schleppen über Mauerkronen hängen oder sich wie Matten im Steingarten ausbreiten. Zur Blütezeit im April und Mai erkennt man die Qualitäten der Polsterstaude – das Weiß ihrer Blüten im Kontrast zu Blau, Gelb und Rosa von Blaukissen, Steinkraut und Polster-Phlox. Das hat etwas!

Immergrüne Schleifenblume

Die Immergrüne Schleifenblume *(Iberis sempervirens)* ist für mich eine der wertvollsten Steingartenpflanzen. Durch ihre dicht beieinanderstehenden, aufwärts gewandten Triebe mit dunkelgrünen Blättern hat sie einen hohen Schmuckwert, auch im Winter. Und dazu kommt außerdem, dass sie sich mit weißen Blüten schmückt, und zwar bei mildem Wetter noch im Dezember und oft bereits wieder im Februar. Die Hauptblütezeit ist im März und April. Besonders gut eignet sich die Schleifenblume zum Hinterpflanzen von Mauerkronen an trocken-heißen Plätzen. Da sie wüchsiger ist und größer wird als andere Polsterpflanzen, sollte man ihr viel Platz einräumen.

Wintergrüne Farne

Die bekannten einheimischen Farne wie der Frauenfarn *(Athyrium filix-femina)* oder der Wurmfarn *(Dryopteris filix-mas)* ziehen im Herbst normalerweise ein. Ihre Standplätze erkennt man an vertrockneten Blattwedelresten.

Ein schöner, jedoch wenig bekannter einheimischer Farn ist der Hirschzungenfarn *(Asplenium scolopendrium)*. Der Name ist sehr bezeichnend; die ungefiederten, breit lanzettlichen, glattrandigen Blätter ähneln tatsächlich langen Zungen. Dieser Farn wächst wild an schattigen, feuchten Plätzen auf kalkhaltigem Boden. Er ist sehr selten und steht deshalb unter Naturschutz; häufig sind seine Standplätze sogar als Naturdenkmale ausgewiesen. Der Hirschzungenfarn ist aber auch eine beliebte Gartenstaude und Friedhofspflanze für schattige Plätze. Neben der eigentlichen Art, die etwa 50 cm hoch wächst, bieten Staudengärtnereien die etwas niedrigere Sorte 'Crispa' mit gewelltem Rand an. Wintergrün bleiben unter anderem folgende Farn-Arten: Gewöhnlicher Rippenfarn *(Blechnum spicant)*, Goldschuppenfarn oder Spreuschuppiger Wurmfarn *(Dryopteris affinis)*, Engelsüß oder Gewöhnlicher Tüpfelfarn *(Polypodium vulgare)* und Schildfarne (*Polystichum* spec.). Auch der Silikatliebende Braune Streifenfarn *(Asplenium trichomanes)*, ein Mauergewächs, bleibt im Winter grün.

< oben Hornkräuter bilden flache, weit streichende Polster, die zuweilen sogar etwas lästig werden können

< unten Frühjahrsaspekt der Immergrünen Schleifenblume. Einzelne Blüten erscheinen bereits im Spätherbst und Winter

^ oben Ideal für schattige Plätze: Farne

^ unten Der Hirschzungenfarn braucht kalkhaltigen Boden für gutes Gedeihen

> Braunstieliger Streifenfarn siedelt sich in Ritzen und Höhlungen von Mauersteinen an

Staudengräser

Im Herbst zeigen sich viele Staudengräser von ihrer schönsten Seite. Die gedeckten bräunlich gelben oder kupferroten Farben harmonieren gut mit dem Farbspektrum der Herbst- und Winterastern. Viele Ziergräser bleiben bis in den Winter hinein schön. Anmutig sehen die schmalen Blattspreiten der Gräser aus, wenn Raureif sie bedeckt. Und sogar unter Schnee wirken sie noch dekorativ. Da zeichnen sich die Grasbüschel als Höcker ab.
Vom Wuchsbild und von der Verwendung her lassen sich die Staudengräser grob in folgende Gruppen einteilen:

- Gräser als Flächendecker unter Gehölzen
- Horstgräser für Rabatten und Steingärten
- Mittelhohe Gräser für Gruppenpflanzungen und fürs Staudenbeet
- Solitärgräser für Einzelstand

Gräser als Flächendecker

Für flächenhafte Pflanzungen unter Gehölzen eignen sich die wintergrünen niedrigen Hainsimsen wie die Wald-Marbel *(Luzula sylvatica)* und die Schnee-Marbel *(Luzula nivea)*. Ähnlich verwendbar sind bei den Seggen die niedrigen Arten Wald-Segge *(Carex sylvatica)* und die Japan-Segge *(Carex morrowii)*. Eine Sonderform für kleinere Flächen ist die etwa 20 cm hohe Sorte 'Variegata'.

Horstgräser für Rabatten und Steingärten

Das horstig wachsende Japanische Federborstengras oder Australische Lampenputzergras *(Pennisetum alopecuroides)* wirkt durch seine locker überhängenden Blätter und die lampenputzerähnlichen Blüten. Häufig werden die Sorten 'Hameln' (30/60 cm) und 'Compressum' (40/80 cm) verwendet. Die Pflanzen kommen einzeln oder in kleinen Gruppen gepflanzt zur Geltung. Ideal sind sonnige, trockene und warme Plätze auf Rabatten oder in größeren Steingärten.
Für kleinere Gärten passen außerdem die Rasen-Schmiele *(Deschampsia cespitosa)* und ihre Sorten. Es ist ein einheimisches Gras, das am Naturstandort auf Waldlichtungen und Heideflächen mit seinen Blatthorsten und den bogig überhängenden Blütenstängeln auffällt. Die Wildstaude fügt sich sehr gut in Staudenpflanzungen ein, die im Spätsommer ihren Blühhöhepunkt haben, also neben hoher Herbst-Fetthenne oder Herbst-Anemonen. Besonders gut kommt die grazile Gestalt zur Geltung, wenn die Rasen-Schmiele frei steht, in visueller Verbindung mit Gehölzen. Die Züchtungen tragen schöne Namen wie 'Goldtau' (60/100 cm, zierlicher Wuchs) oder 'Goldgehänge' (50/100 cm).

Mittelhohe Gräser mit aufrechter Gestalt

Einige mittelhohe Gräser fügen sich gut in Staudenrabatten in kleinen Gärten ein. Empfehlenswert ist die aufrecht wachsende Ruten-Hirse *(Panicum virgatum)*, die je nach Sorte 80 cm bis ca. 150 cm hoch wird. Dazu passen herbstblühende Stauden wie Kissen-Astern oder Gelenkblumen. Die Sorte 'Strictum' bildet im Lauf des Sommers aufrecht wachsende Blattbüschel, aus denen sich die 150 cm hohen Stängel schieben. Die Blütenstängel lassen sich gut in Sträuße mit Herbstastern und Dahlien binden. Im Herbst färben sich die Blätter gelb-braun. Es sieht malerisch aus, wenn sich der erste Raureif darüberlegt. Die Herbststürme zerzausen später die dürren Blattstängel. Staudengärtnereien bieten weitere Sorten wie 'Rehbraun' (60/100 cm) mit rotbraunem Blatt oder 'Hänse Herms' (60/80 cm) mit ausgeprägter rotbrauner Herbstfärbung an.

^ oben Harmonische Gestaltung mit Staudengräsern, wintergrünen Stauden und Gehölzen

< unten links Niedrige Staudengräser wie die Behaarte Hainsimse eignen sich gut als Bodendecker

> unten Mitte Beim Atlas-Schwingel verfärben sich die feinen Blätter im Herbst beige

> unten rechts Das Reitgras bringt eine aufrechte Struktur in Staudenbeete

Häufig gepflanzt wird die anspruchslose Reitgras-Kreuzung *Calamagrostis × acutiflora* 'Karl Foerster'. Sie hat steif aufrechte Blütenstängel mit auffälligen, sehr langen Rispen, die sich beim Reifen gelbbraun verfärben und bis in den Winter hinein halten. Die Blatthorste selbst werden etwa 60 cm hoch. Daraus erheben sich die 150 cm hohen Blütenstängel. Dieses robuste, trockenheitsverträgliche Gras kommt auf Freiflächen in Parks gut zur Geltung, mit Polstern von Fetthennen oder anderen Bodendeckern zu Füßen. Etwas niedriger bleibt das Gestreiftblättrige Reitgras (*Calamagrostis × acutiflora* 'Overdam') mit schmalen, grün-weiß gestreiften Blättern. Das Reitgras braucht etwas Raum um sich, damit es seine Wirkung entfalten kann. Besonders harmonisch sieht es aus, wenn einige Exemplare verteilt im Beet stehen.

Das einheimische Pfeifengras gefällt wegen seiner anmutigen Gestalt und der schönen goldbraunen Herbstfärbung. Es gibt zwei Arten: das bis etwa 2 m hohe Rohr-Pfeifengras *(Molinia arundinacea)* mit den bekannten Sorten 'Karl Foerster' und 'Windspiel' und das Blaue Pfeifengras *(Molinia caerulea)*, das seinen natürlichen Standort auf Heideflächen oder sumpfigen Wiesen und an Gräben hat. Eine bekannte, etwa 40–60 cm hoch werdende Sorte heißt deshalb auch 'Moorhexe'.

Solitäre

Sie stehen einzeln, umspielt von niedrigeren Stauden oder Bodendeckern oder ganz für sich neben Gebäuden: die sehr hohen (bis 3 m) Solitärgräser Pampasgras (*Cortaderia selloana* 'Argentea'), Pfahlrohr *(Arundo donax)* und Chinaschilf *(Miscanthus sinensis)*. Für mein Gefühl sollten die Gräsergestalten in einem städtischen Umfeld beziehungsweise generell in Verbindung mit Architektur stehen.

Staudenzüchter bieten auch niedriger wachsende Züchtungen für kleinere Gärten an. Beim Kleinen Pampasgras (*Cortaderia selloana* 'Pumila') werden die Blütenstände nur etwa 120 cm hoch. Vom Chinaschilf gibt es sogar etliche niedrig bleibende Sorten wie 'Graziella' (100/120 cm), 'Kleine Silberspinne' (80/120 cm) oder 'Yakushima Dwarf' (60/100 cm). Alle Sorten fallen durch ihre aufrechten oder leicht überhängenden Blütenstände auf. (Die doppelte Höhenangabe bezieht sich jeweils auf das Blattwerk und die Blütenstängel.)

Bambus

Bambus-Arten sind immergrüne Gräser mit Sonderstatus. Ich tue mich etwas schwer mit dieser Pflanzengruppe und nehme sie nur der Vollständigkeit halber in dieses Buch auf. Mir genügt es vollkommen, wenn ich sie mir in botanischen Gärten anschaue und erlebe, beispielsweise in Heidelberg, wo man einen Bambushain begehen kann. Für mein Stilgefühl wirken sie in den meisten Gärten wie Fremdkörper. Und sie sind außerdem heikel, weil sie sich mit sehr kräftigen Rhizomen unterirdisch ausbreiten. Dagegen hilft

nur eine tief in den Boden versenkte Wurzelsperre. Vorstellbar sind sie im Zusammenspiel mit moderner, extravaganter Architektur oder in speziell angelegten Japan-Gärten. Eine gängige Art ist der Schirm-Bambus *(Fargesia murieliae)*.

< Das raumgreifende Chinaschilf muss für gute Wirkung allein stehen

^ oben Bambushain im Botanischen Garten Heidelberg

^ unten Vom Bambus gibt es auch niedrige, bodendeckende Arten

Winterschutz für Ziergräser

Herbst- und Winterstürme knicken die Halme der Staudengräser und zerzausen die Blattbüschel. Hohe Ziergräser, die einzeln stehen wie das Pampasgras, sollten zusammengebunden und die Basis mit einer Laubschicht umgeben werden. Die Blattbüschel dürfen nicht unter Nässe leiden. Auch Sonne und Tropfenfall schaden manchen Gräsern. In aller Regel schneidet man die Ziergräser erst nach dem Winter zurück. Die beste Pflanzzeit ist im Frühjahr.

Gräser und Saisonblumen für mobiles Grün

Gärtnereien bieten im Herbst niedrige Gräser und kälteverträgliche Saisonblumen für Kästen und zur Grabbepflanzung an. Vor allem *Calluna*, Stiefmütterchen, Greiskraut und Alpenveilchen sind im Sortiment. Diese halten durch, bis es richtig frostig wird, und sogar den ganzen Winter über, wenn die Temperaturen nicht zu tief sinken und wenn es keine Kahlfröste gibt. Bei den unter *Calluna* angebotenen Pflanzen handelt es sich um züchterisch behandelte Besenheide oder Heidekraut *(Calluna vulgaris)*. Eigentlich sind es ausdauernde Zwergsträucher, die auf Heideflächen wild wachsen. Für gärtnerische Zwecke ist die Art so verändert, dass die Blüten im knospigen Zustand stecken bleiben. Solche Knospenblüher halten bis tief in den Winter die Farbe. Es wirkt am besten, wenn man mehrere Exemplare einer Art und Sorte zusammen pflanzt.

Eine gute Ergänzung zu den erwähnten Herbstblühern sind grau- oder silberlaubige Pflanzen wie die Zwergsträucher Silber-Greiskraut *(Senecio cineraria)* und Heiligenkraut *(Santolina chamaecyparissus)*; nicht zu vergessen der filigrane «Stacheldraht» (*Leucophyta brownii = Calocephalus brownii*), der auch «Silberblatt» heißt. Der Stacheldraht behält sogar abgestorben seine silberne Färbung – ein toller Schmuck den ganzen Winter über.

Immergrüne Bodendecker

Viele Bodendeckerpflanzen bleiben im Winter grün und hellen schattige Plätze auf. Abgesehen vom Efeu sind es die beiden Immergrün-Arten *Vinca minor* und *Vinca major*, Elfenblume *(Epimedium)*, Ysander *(Pachysandra terminalis)* und Kriechspindel *(Euonymus fortunei)* (siehe Seite 83).

Besonders halbschattige und schattige Plätze lassen sich mit Bodendeckerpflanzen reizvoll gestalten. In jedem Garten gibt es solche absonnigen, halbschattigen und schattigen Bereiche unter und neben Gehölzen oder in Gebäudenähe, auf denen die üblichen Rabattenstauden nicht gut gedeihen, weil es ihnen an Licht fehlt. Da kommen Bodendeckerstauden und -gehölze sowie blattschöne Halbschatten- und Schattenstauden einschließlich der Farne und Gräser ins Spiel.

^ Die Elfenblume behält im Winter ihr Blattwerk

< unten links Silber-Greiskraut wird häufig zum Bepflanzen von Schalen oder zur Grabgestaltung verwendet

< unten rechts Ysander für großflächige Pflanzungen

'Rubra' und die großblütige dunkelblaue Sorte 'Bowles Variety'. Doch es gibt auch neuere Sorten, und es lohnt, sie auszuprobieren, beispielsweise die sehr dicht wachsende Sorte 'Grüner Teppich' mit hellvioletten Blüten und größeren Blättern als die Art. Oder die kleinblättrige, violettblau blühende Sorte 'Marie' mit später Blütezeit. Das Große Immergrün *(Vinca major)* ist mit seinen bogigen Trieben kein richtiger Bodendecker. Die auffällige gelbbunte Sorte 'Variegata' passt auf schmale Streifen an Gebäudesockeln.

Kleines Immergrün

Mein Favorit ist das Kleine Immergrün *(Vinca minor)*. Es breitet sich in meinem Garten zu Füßen eines Haselnussstrauches aus. Das schattenverträgliche Gewächs bedeckt in den Laubwäldern der Umgebung auf Kalkboden größere Flächen und ist leicht von Weitem an der dunkelgrünen Farbe der Blätter zu erkennen. Die niedrige Pflanze treibt lange, dünne Sprosse. Überall dort, wo diese dem Boden aufliegen, ziehen sie Wurzeln. So überspinnt das Immergrün mit seinen zierlichen, langen Trieben das Areal. Besonders hübsch ist die himmelblau blühende Wildform zur Blütezeit im Mai und Juni. Vereinzelt zeigen sich bei warmen Temperaturen auch im Spätherbst und Winter Blüten. Im Standardsortiment der Staudengärtner finden sich die zierliche weiße Form 'Alba', die rote

^ oben **Das Kleine Immergrün eignet sich hervorragend für großflächige Pflanzungen**

^ unten **Die Triebe des Großen Immergrüns, hier in der 'Variegata'-Form, wachsen locker bogig**

> Die Blätter der Goldnessel sind im Winter ausdrucksstark gefärbt

Goldnessel

Die Gewöhnliche Goldnessel (*Lamium galeobdolon* subsp. *galeobdolon*) ist ebenfalls ein Flächendecker, wächst aber nicht so dicht wie das Kleine Immergrün. Sie hat sich an den Randbereichen in meinem Garten angesiedelt, schiebt sich mit ihren geschmeidigen Trieben zwischen Immergrün und *Sedum* und erobert so mit ihren oberirdischen Ausläufern schnell große Flächen. Die Ausläufer ziehen an den Blattknoten Wurzeln und bilden neue Pflanzen, an denen zunächst aufrechte, dann bogig überhängende Triebe entstehen. Im Schatten sind die nesselartigen, behaarten Blätter häufig charakteristisch silbrig-weiß gezeichnet. An der Sonne und im Lauf des Sommers vergrünen sie. Im Frühsommer von Mai bis Juni erscheinen die aufrechten, kerzenartigen Blütenstände mit gelben Lippenblüten. Neben der wild wachsenden Form bieten die Staudengärtner die Sorte 'Florentinum' an. Diese zeigt sich ausgeprägt dreifarbig mit purpurner und silbrigweißer Zeichnung. Eine weitere Sorte ist 'Hermann's Pride' mit silbrigen, grün geaderten Blättern und horstigem Wuchs.

Früh blühende Stauden

Noch mehr Farbe als die Freilandgewächse bringen im Februar die ersten Topfpflanzen. Die Gärtner bieten in Schönwetterphasen vor der eigentlichen Pflanzsaison Gänseblümchen, Primeln, Vergissmeinnicht, Schöterich, Horn-Veilchen und Stiefmütterchen – zusammen mit Zwiebelblumen – zum Bepflanzen von Töpfen und Kästen an. Mit ein paar floralen Zutaten wie Moos, Rindenstücken oder Tannenzapfen lässt sich daraus eine Mini-Landschaft arrangieren, die als hübscher Willkommensgruß am Hauseingang ihren Platz findet.

Gänseblümchen

Die großblumigen «Bellis» sind Züchtungen des Gänseblümchens *(Bellis perennis)* von der Wiese. Maßliebchen und Tausendschön sind andere Bezeichnungen für das hübsche Pflänzchen, das sich in der Natur auch leicht rosafarben angehaucht zeigt. Die Zuchtsorten blühen weiß, rosa und rot; die sehr großblumigen Sorten haben einen Blütendurchmesser von bis zu 7 cm. Je nach Form der Blütenblätter wirken die Blüten eher strahlenförmig oder eher pomponförmig. Manchmal säen sich die Gärtner-Gänseblümchen von allein aus; die Nachkommen haben jedoch nicht mehr die ausgeprägten Eigenschaften der ursprünglich gepflanzten Sorte.

Leberblümchen

Für mich ist die Leberblümchenblüte einer der ersten Höhepunkte im Gartenjahr. Ich bin jedes Mal von Neuem gespannt, wie mein teuer eingekauftes Exemplar von *Hepatica nobilis* 'Rosea Plena' den Winter überstanden haben mag. Es kommt zu meiner großen Freude seit fast zehn Jahren zuverlässig immer wieder

und hat sich gut bestockt. Etwa zur gleichen Zeit im März und April blüht die einheimische Wildart, das Gewöhnliche Leberblümchen (*Hepatica nobilis* var. *nobilis*). Die Blüten, deren Farbe in hellem und dunklerem sowie violett angehauchtem Blau variiert, erscheinen vor den Blättern und schieben sich durch das dürre Laub. Zum Ende der Blütezeit hin entfalten sich die dreilappigen Blätter. Diese sind oberseits grün, auf der Unterseite oft rotbraun bis violett und bleiben bis in den Winter hinein grün.

Die Staude aus der Familie der Hahnenfußgewächse wächst am Naturstandort in lichten Buchen-Eichen-Mischwäldern mit feucht-humosem Boden – häufig in großen Beständen in Gemeinschaft mit Busch-Windröschen und Seidelbast. In Gärten lässt sie sich ansiedeln, wenn der Boden kalkhaltig, humos und lehmig ist und nicht zu stark austrocknet. Sandigen, leichten Boden mag sie nicht. Nach einer Einwachsphase breitet sich das Leberblümchen «von selbst» über Samen aus. Ameisen sorgen für die Verbreitung.

Eine andere Art, das Siebenbürger Leberblümchen *(Hepatica transsylvanica)* mit intensiv blauen Blüten, verträgt Trockenheit besser als die heimische Art *Hepatica nobilis*.

< oben **Gänseblümchen in spätwinterlichem Arrangement**

< unten **Ton-in-Ton-Arrangement aus Gänseblümchen, Horn-Veilchen, Primeln und Traubenhyazinthe**

^ Das kalkhaltige Böden liebende Leberblümchen breitet sich an entsprechenden Gartenstandorten aus

> Die ausbreitungsfreudigen Primeln kommen an vielen Stellen von allein auf

Primeln

Primeln sind mit ihren Blattschöpfen das ganze Jahr über da, doch erst zur Blütezeit fallen sie auf. Im Spätherbst, auf jeden Fall im Verlauf des Winters, zeigen sich dicht am Boden die Blüten. Es sind verwilderte Exemplare der Garten-Primel (*Primula*-Vulgaris-Hybriden) aus Frühlingsdekorationen, die ich an verschiedenen Stellen auf halbschattige Beete gepflanzt hatte. Sie blühen in verwaschenem Rosa, Hellgelb oder Blauviolett. Im Verlauf des Frühjahrs bilden die dann üppiger blühenden Stauden ganze Blütenteppiche.

Dazu gesellen sich auf meiner Gartenwiese duftende Wiesen-Schlüsselblumen *(Primula veris)*. Deren Blütenstängel spitzen bereits Ende Februar aus dem Wiesengrün.

Stiefmütterchen und Horn-Veilchen

Ein Frühling ohne Stiefmütterchen und Horn-Veilchen ist kaum vorstellbar. Stiefmütterchenblüten sind ein- oder mehrfarbig, mit und ohne «Auge» oder katzenaugengleich mit Strichelchen ums Auge. Horn-Veilchen *(Viola × cornuta)* sind die kleinen Schwestern der großblumigen Garten-Stiefmütterchen *(Viola × wittrockiana)*. Horn-Veilchen sind wegen ihres niedrigen Wuchses ideal für Pflanzgefäße, sie passen aber auch auf kleine Beete und Gräber.

Horn-Veilchen sind eigentlich Stauden. Die gärtnerischen Hybridsorten werden aber nur zweijährig kultiviert; sie blühen sehr reich und lange, vom zeitigen Frühjahr bis in den Oktober hinein, vorausgesetzt, man lässt sie so lange wachsen. Ich selbst bringe es nicht übers Herz, die in voller Blüte stehenden Pflänzchen Ende Mai herauszureißen, um – wie üblich – Platz für Sommerblumen zu schaffen.

Duft-Veilchen

Zur Verwandtschaft gehören weitere einheimische Arten wie das Duft-Veilchen *(Viola odorata)* und das Hunds-Veilchen *(Viola canina)*. Das hübsche Australische Veilchen *(Viola hederacea)* ist in unserer Klimaregion nicht winterhart. Es gedeiht sehr gut als Bodendecker in Pflanzbeeten im Wintergarten oder zu Füßen von Kübelpflanzen.

< oben Die *Viola*-Verwandtschaft: kleinblütige Horn-Veilchen …

< Mitte … großblumige Stiefmütterchen mit ihren «Gesichtern» …

< unten … und wildes Duft-Veilchen

Zwiebelblumen

Mit Winterlingen und Schneeglöckchen beginnt der Blütenreigen der Zwiebelblumen an den ersten warmen, sonnigen Tagen oft schon im Januar und Februar, vorausgesetzt, es liegt kein Schnee. Es folgen die Botanischen Krokusse, Kaufmanniana-Tulpen, Traubenhyazinthen, Scilla, Schneeglanz, dazu Hyazinthen, Narzissen, Kaiserkronen und Tulpen der verschiedensten Klassen – alle paar Tage erscheinen die Blüten anderer Arten und Sorten und sorgen für angenehme Überraschungen. Wer geschickt geplant und gepflanzt hat, kann sich über Monate hinweg – von Januar bis Juni – an Zwiebelblumen erfreuen.

< Gefüllte Schneeglöckchen und Elfen-Krokus

^ oben Winterlinge sind die Ersten

^ unten Märzenbecher am Naturstandort im Laubwald

Krokusse zum Verwildern

Botanische Krokusse wie der Elfen-Krokus *(Crocus tommasinianus)* und der Kleine oder Bunte Krokus *(Crocus chrysanthus)* blühen normalerweise früher als die großblumigen Frühlings-Krokusse *(Crocus vernus)*, und sie sind kleiner von Gestalt.

Der Elfen-Krokus breitet sich im Lauf der Zeit aus, er «verwildert» tatsächlich in den Rasen und sogar in die Gemüsebeete hinein. Mit seinen schlanken, duftigen Blüten mit den langen Kronröhren scheint der Elfen-Krokus richtiggehend zu schweben. Die lavendelblauen Blüten sind an der Außenseite etwas grau gezeichnet. Die großblumige Sorte 'Ruby Giant' hat dunkelviolett gefärbte Blüten.

Verwilderte Bestände des Elfen-Krokus lassen den Eindruck entstehen, sie seien zufällig entstanden. Die dunkelgrünen, aufrecht stehenden Blätter, die wie Grashalme aussehen, halten sich lange.

Während der Elfen-Krokus auf großen Flächen im Rasen oder unter Gehölzen locker verstreut am besten wirkt, passt *Crocus chrysanthus* eher in den Steingarten. Aus jeder Knolle bilden sich zwei bis drei Austriebe mit jeweils ein bis zwei Blüten, sodass eine Pflanze wie ein kleiner Horst wirkt. Im Lauf der Jahre werden die Horste durch Tochterknollenbildung größer und verteilen sich wie Tuffs auf dem Beet. *Crocus chrysanthus* wirken mit ihren dezenten, oft ineinanderfließenden Farben nicht so knallig wie die bunten Frühlings-Krokusse. Zur Wahl stehen hübsche Sorten: 'Advance' mit einer aparten Farbkombination von Hellgelb und Purpur auf der Außenseite der Blütenblätter; 'Blue Pearl' in Lobelienblau; 'Gipsy Girl' in Gelb mit brauner Zeichnung auf der Außenseite der Blütenblätter; 'Saturn' mit hellgelben, sternförmigen Blüten oder 'White Triumphator' in elegantem Weiß.

Kaufmanniana-Tulpen

Etwa gleichzeitig mit den Krokussen zeigen sich die prächtigen Blüten der Kaufmanniana-Tulpen. Die Zwiebelblumen öffnen ihre Blüten an den ersten Sonnentagen im Vorfrühling weit. Sie haben eine gewisse Ähnlichkeit mit Seerosenblüten und heißen deshalb auch Seerosen-Tulpen. Diese Tulpen können nichts anderes als auffallen. Zum Beispiel die gelbe 'Berlioz', die hellrosafarbene 'Heart's Delight' oder die leuchtend kardinalrote Sorte 'Showwinner'. Bei vielen Sorten sind die Blätter braun gestreift. Kaufmanniana-Tulpen bleiben niedrig. Sie werden je nach Sorte nur etwa 20–30 cm hoch.

Kaufmanniana-Tulpen stehen am besten in kleinen Gruppen; sie kommen dort zur Geltung, wo man sie gut betrachten kann, zum Beispiel im Steingarten oder in einem sonnigen Vorgarten. Tulpen mögen Plätze, die im Frühjahr feucht und im Sommer trocken sind. Genau diese Bedingungen herrschen häufig unter einem Dachtrauf. Wichtig ist, dass man wie bei allen Tulpen das Laub in Ruhe einziehen lässt und in den Beständen nicht hackt. Dann kommen die Zwiebelblumen zuverlässig jedes Jahr wieder.

< Kaufmanniana-Tulpen öffnen an sonnigen Tagen die Blüten weit

^ Elfen-Krokusse verwildern und bedecken im Rasen nach und nach größere Flächen

> Elfen-Krokusse spitzen aus dem Schnee; Garten-Krokusse folgen etwas später

Nutzpflanzen – Gemüse und Kräuter

Versierte Gärtner und Selbstversorger verstanden sich schon immer darauf, auch im Winter frisches Gemüse aus dem Freiland oder aus dem Lager auf den Tisch zu bringen. (Die in diesem Kapitel abgebildeten französischen Samentütchen zeugen davon.) Mit richtiger Planung, ein paar Tricks und den geeigneten Arten und Sorten gelingt das sehr gut, sogar ohne Gewächshaus. Mildere Winter und früher einsetzender Frühling begünstigen seit einiger Zeit den Überwinterungsanbau. Durch die längere Vegetationsperiode verlängert sich einerseits die Kulturdauer robuster Sommergemüsearten bis in den Frühwinter und andererseits auch die der Frühjahrskulturen, die bereits im Frühwinter gesät oder gepflanzt werden können. Deshalb sage ich kurzum: Der Winter ist für den Gemüseanbau das neue Frühjahr.

Prädestiniert für den Überwinterungsanbau sind robuste Blattgemüse, einige Kohlgemüse sowie Wurzel- und Knollengemüse; sie legen bei kühler Witterung immer noch zu. Und nicht zu vergessen die Dauerkulturen wie beispielsweise Meerrettich.

Sogar Fruchtgemüsearten, für die es in unserem mitteleuropäischen Klima im Winter zu kalt ist, wachsen im Kleingewächshaus noch weiter. Da zieht sich die Ernte bei Tomaten und Paprika unter Umständen bis Dezember hin.

Darüber hinaus ist es möglich, durch sehr späte Saaten im November oder Dezember für Ernten im zeitigen Frühjahr zu sorgen. Vor allem Spinat, Salate sowie Radies eignen sich für solche «Frostsaaten». Viele Gartenbesitzer stecken zudem im November oder Dezember Zwiebeln und Knoblauch für eine frühe Ernte.

< Im Dezember 2019 fotografiert: Die Gemüsebeete gehen mit Gelbsenf und Phazelie grün in den Winter

Gemüsegarten gestalten

Ein durchdacht gestalteter Gemüsegarten wirkt besonders im Winter, wenn die Grundstruktur klar hervortritt. Diese ergibt sich aus Wegen und Einfassungen, die ihn von anderen Gartenteilen trennen und abheben. So binden viele Gartenbesitzer den Gemüsegarten als «Garten im Garten» ein. Sie fassen ihn mit Buchs (siehe Seite 87) oder schnittverträglichen Kräuter-Halbsträuchern wie beispielsweise Lavendel, Eberraute oder Gamander ein. So umrahmt, sehen die Wintergemüse Mangold, Lauch und Rosen-Kohl und vielleicht sogar überwinternde Artischockenpflanzen gleich viel besser aus. Wem es um den reinen Nutzen geht, der wird seine Gemüsebeete eher schlicht halten und nur darauf achten, dass sie gut und einheitlich zu bearbeiten sind.

Unabhängig vom Gestaltungsstil ist es wichtig, dass Gemüsebeete volle Sonne bekommen. Auf Beeten im Schatten von Gebäuden, Mauern und Hecken, besonders von dichten Thujahecken, gedeihen Gemüse, Kräuter und Blumen schlecht.

Kritisches zu Buchseinfassungen

Für Einrahmungen im Gemüsegarten eignet sich der Buchs nur bedingt und auch nur dann, wenn er ständig auf eine niedrige Höhe geschnitten wird. Der Buchs wirft nämlich Schatten auf die Kulturpflanzen, sodass diese nicht mehr so gut wachsen, und vor allem dringen seine Wurzeln in die angrenzenden Beete vor und nehmen den Kulturpflanzen Nahrung weg. In unmittelbarer Nähe einer Buchshecke bleiben Gemüsepflanzen deshalb mickrig, daher muss man unbedingt etwas Abstand lassen.

< Buchshecken bilden in traditionellen Bauerngärten einen formalen Rahmen

> links In diesem Kleingarten am Bodensee sind die Beete platzsparend mit Holzbrettern eingefasst

> rechts Ländlicher Krautgarten mit Lauch/Porree und flächendeckender Gründüngung

Günstige Bedingungen für Gemüseanbau dank Klimawandel

Die statistischen Daten zeigen eindeutig, dass der Frühlingspunkt immer weiter in den Winter gerückt ist. (Im Vergleich zur Mitte des vergangenen Jahrhunderts liegt er um etwa zwei Wochen früher.) Der Statistik (und der subjektiven Einschätzung) zufolge gibt es auch weniger Frosttage und weniger Schneetage. Die Anbauzeiten für landwirtschaftliche und gärtnerische Kulturen verlängern sich dadurch. Da bietet es sich an, die Anbauzeit für Gemüse aufs ganze Jahr auszudehnen. Im Herbst also Gemüse möglichst lange draußen lassen, da es in den niederschlagsreichen Herbst- und Frühwintermonaten noch weiterwächst. Davon profitieren insbesondere Kohlgewächse mit ihrem hohen Wasserbedarf, also Kopf-Kohl, Rosen-Kohl, Grün-Kohl, und die Lagersorten von Möhren, Pastinaken und Petersilienwurzel. Und ebenso Gemüse für die Frühjahrsernte, das nach der Aussaat im November oder Dezember in warmen Phasen im Lauf des Winters bereits keimen und sich entwickeln kann. Frostsaaten haben einen deutlichen Wachstumsvorsprung, auch deswegen, weil man erfahrungsgemäß in einem nassen Frühjahr das Land lange nicht betreten und erst im Lauf des Aprils säen kann.

ÜBERWINTERUNGS-GEMÜSE ZUR ERNTE DIREKT AUS DEM GARTEN

Blattgemüse

- Feldsalat
- Endiviensalat
- Zuckerhut
- Radicchio
- Winterpostelein
- Hirschhorn-Wegerich
- Spinat
- Mangold
- Barbarakraut

Kohlgemüse

- Grün-Kohl
- Palm-Kohl
- Rosen-Kohl
- Ewiger Kohl

Wurzel- und Knollengemüse

- Möhren
- Winterrettiche
- Pastinake
- Petersilienwurzel
- Mairübchen
- Topinambur
- Meerrettich
- Knollen-Ziest

Lauchgewächse

- Lauch/Porree
- Knoblauch
- Winterzwiebeln

Blattgemüse

Bei sorgfältiger Planung gelingt es, das ganze Jahr über Blattgemüse direkt aus dem Garten zu ernten. Es kommt nur darauf an, die geeigneten Arten und Sorten auszuwählen und zu den richtigen Zeiten zu säen und zu pflanzen. Dann gibt es auf dem winterlichen Salatteller genügend Abwechslung.
Meine Familie – und sicher auch viele andere – setzen bei den Blattsalaten hauptsächlich auf drei Arten: Endiviensalat, Zuckerhut und Feldsalat. Alle drei bringen mit wenig Aufwand viel Ertrag. Sie füllen die Salatschüsseln, während Radicchio, Winterpostelein und die anderen vorgestellten Arten eher Nebenrollen spielen – unbenommen der persönlichen und familiären Vorlieben.
Bei nicht frosthartem Kulturgemüse wie beispielsweise Kopfsalat und Schnittsalat lässt sich die Erntezeit im Freiland um einige Wochen verlängern. Dazu deckt man die Beete mit speziellem Frostschutzvlies ab oder setzt Folientunnel darauf (siehe Seite 174). Wenn nur wenige Pflanzen geschützt werden sollen, sind mobile Frostschutzhauben besser geeignet. Oder man stülpt vor Frostnächten einfach Plastikeimer oder große Töpfe über einzelne Pflanzen. Diese Frostschutzutensilien lassen sich genauso gut im Frühjahr wieder einsetzen.

Feldsalat

Ein winterlicher Salatteller ist ohne Feldsalat oder Ackersalat *(Valerianella locusta)* kaum denkbar. Mit seinem milden nussigen Geschmack muss man ihn einfach mögen. Feldsalat aus der Familie der Baldriangewächse wächst vor allem in Süddeutschland wild auf mageren Wiesen, auf Äckern, an Böschungen und in Weinbergen. Die Blattrosetten für den Salat sind früher aus Wildbeständen gesammelt worden.

^ oben Mit kälteverträglichen Blattgemüsearten gelingt die Selbstversorgung fast den ganzen Winter über

< unten links Feldsalat lässt sich flächendeckend oder in Reihen aussäen

< unten rechts Sortenvielfalt auch beim Feldsalat nutzen

Das kann man auch heute noch tun, wenn man die entsprechenden Wuchsplätze kennt.

Feldsalat wird in der Regel im August/September im Freiland breitwürfig oder in Reihen ausgesät; dabei müssen die Samen in den Saatrillen gut mit dem Rechenrücken festgeklopft werden. (Es gibt auch Ganzjahressorten, bei denen andere Aussaatzeiten möglich sind.) Bis zum Keimen sollte das Beet zum Schutz vor Austrocknung mit Vlies oder Tüchern abgedeckt sein. Für sicheres Keimen ist es wichtig, das Saatbeet gleichmäßig feucht zu halten. In den heißen Spätsommermonaten ist das oft einfacher gesagt als getan. In Trockenphasen läuft die Saat dann schlecht auf. Im professionellen Anbau wird Feldsalat in Reihen gesät, oder es werden vorgezogene Jungpflanzen maschinell ausgepflanzt.

Die Blätter des Feldsalats sind je nach Sorte rundlich, länglich oder löffelartig und in Rosetten angeordnet. Je nach Sorte liegen die Blätter flach dem Boden an – so wie bei der Standardsorte 'Dunkelgrüner, vollherziger' – oder sie stehen aufrecht. Solche aufrecht wachsenden Sorten entsprechen den Anforderungen des Profi-Anbaus, weil sie maschinell gut geerntet werden können. Viele Züchtungen des Feldsalats weisen Resistenzen gegen Rassen des Falschen Mehltaus auf.

Endiviensalat

Endiviensalat *(Cichorium endivia)* ist mit der einheimischen Wegwarte *(Cichorium intybus)* verwandt. Das Zichoriengewächs stammt aus dem Mittelmeerraum und dem Nahen Osten und wird seit dem 17. Jahrhundert im deutschsprachigen Raum kultiviert.

Für die Ernte im Frühwinter eignen sich nur kälteverträgliche Sorten, vor allem die robuste Standardsorte 'Escariol, grüner'. Endiviensalat wird ab Mitte Juni bis Juli breitwürfig auf Beete ausgesät. Damit die Samen gut keimen, schattiert man das Beet mit Vlies oder anderen das Licht abhaltenden Materialien bis zur Keimung und hält es feucht. Im August werden die jungen Pflänzchen im Abstand von 30–40 cm flach gepflanzt und gut angegossen. Endiviensalat verträgt leichten Frost bis etwa –2 °C. Endiviensalat schmeckt leicht bitter, was auf dem Gehalt an Lactucopikrin (Intybin) beruht.

Meine Tricks zum Überwintern und Lagern

Meine Familie ist versiert in der Winternutzung von Endiviensalat: Durch Abdecken mit Tüchern oder Vlies verlängern wir in nicht allzu frostigen Wintern die Ernte bis in den Januar hinein. In Schönwetterphasen nehmen wir die Abdeckung ab, sodass die Köpfe wieder abtrocknen können und dadurch nicht so schnell faulen. Wenn Frostphasen drohen, graben wir einige Köpfe samt der Wurzel aus und stellen sie aufrecht in Eimer. Einige Endiviensalatköpfe packen wir fest in Zeitungspapier ein und lagern sie so tage- und sogar wochenlang im Kühlschrank. Das gelingt allerdings nur, wenn die Köpfe trocken sind und keine Faulstellen aufweisen. Das Lagern unter Lichtabschluss hat den Effekt, dass die Blätter bleichen und dabei einen milderen Geschmack bekommen.

Zuckerhut

'Zuckerhut' ist ebenfalls ein Zichoriengewächs mit dem botanischen Namen *Cichorium intybus*. Verwandte Arten sind Chicorée und Radicchio. Ihnen allen ist der bittere Geschmack eigen, der auf dem Bitterstoff Lactucopikrin (Intybin) beruht.
Der Sortenname 'Zuckerhut' deutet auf die Wuchsform hin; das Salatgemüse bildet tatsächlich spitz zulaufende Köpfe aus, die dem Zuckerhut für die Feuerzangenbowle ähneln. Es gibt auch Sorten mit einem eher zylindrischen Wuchs. Die geschlossenen Köpfe mit den breiten Blättern, die sich tütenförmig umschließen, werden bis etwa 50 cm hoch.

^ Endiviensalat hält sich in milden Wintern bis lange nach Weihnachten

> Das Zichoriengewächs 'Zuckerhut' verträgt einige Frostgrade und hält auf dem Freilandbeet oft bis zum Frühjahr

Für die Zuckerhut-Ernte im Winter muss man vorsorgen und ab Mitte Juni bis Mitte Juli breitwürfig auf Beete säen. Das Saatbeet wie für Endivien schattieren und bis zum Keimen feucht halten. Da diese Gemüsesorte eine Pfahlwurzel ausbildet, verträgt sie das Verpflanzen nicht so gut. Wir lassen die Pflanzen deshalb einfach auf dem Saatbeet weiterwachsen und nehmen lediglich zu dicht stehende Pflänzchen heraus – direkt zum Zubereiten von Salaten oder um sie zu verpflanzen. Zuckerhutsetzlinge lassen anfangs die Blätter hängen; sie müssen regelmäßig gewässert und unter Umständen schattiert werden. Doch nach der bei Trockenheit kritischen Verpflanzungsphase wächst Zuckerhut meistens problemlos weiter, genügend Feuchtigkeit vorausgesetzt.
Wir ernten schon früh ab September aus dem Beet heraus, um den verbleibenden Pflanzen Luft zu schaffen. Doch der Hauptteil ist zur Ernte im November, Dezember und Januar bestimmt, denn Zuckerhut verträgt ein paar Grade Frost (bis ca. –4 °C) und ist somit frosthärter als Endiviensalat, der nur etwa –2 °C aushält.
Wir decken Zuckerhut in gleicher Weise wie Endiviensalat mit Tüchern oder Frostschutzvlies ab und nehmen

die Abdeckung während frostfreier Phasen im Winter wieder weg. So gelingt es uns, in milden Wintern noch im April Zuckerhut vom Beet zu ernten. Wenn längere Frostphasen angekündigt sind, ernten wir Zuckerhut auf Vorrat (so wie Endiviensalat) und stellen die festen Köpfe samt Strunk – dicht in Zeitungspapier eingewickelt – in Eimern in die kalte Garage.

Radicchio

Radicchio oder Salat-Zichorie (*Cichorium intybus* var. *foliosum*) ist ein leicht bitter schmeckendes Zichoriengewächs, verwandt mit Endiviensalat und Chicorée. In Italien und der Schweiz wird Radicchio häufig angebaut und gerne gegessen. Der Salat ist vielgestaltig, mit lockeren Rosetten oder kompakten Köpfchen. Es gibt viele purpurfarbene Sorten mit breiten weißen Blattrippen beziehungsweise Blattadern. Für den Überwinterungsanbau eignen sich nur spezielle Wintersorten wie beispielsweise 'Palla Rossa'. Etwas Besonderes ist die cremeweiße, rot und grün gesprenkelte Sorte 'Variegata di Castelfranco' mit mildem Geschmack. In Italien werden weitere Sorten kultiviert, die teils nur lockere Rosetten bilden. Diese eignen sich jedoch nur bedingt für den Anbau in mitteleuropäischem Klima. Wer auch fürs Auge gärtnert, sollte diese Sorten unbedingt einmal ausprobieren.

Aussaatzeit ist wie bei Endiviensalat im Juni–Juli. Im Lauf des Augusts wird in weitem Abstand von 30–40 cm gepflanzt. Bei den Wintersorten bilden sich die Köpfchen erst im Spätherbst oder sogar erst im Frühjahr.

Salat wieder «aufwecken»

Selbst wenn die äußeren Blätter eintrocknen oder lasch werden, bleiben die dicht gepackten inneren Blätter frisch. Lasch gewordener Zuckerhutsalat wird durch Einlegen in lauwarmes Wasser wieder fest.

Winterkopfsalat

Winterkopfsalat ist im zeitigen Frühjahr erntereif. Der Überwinterungsanbau mit Aussaat im September und Oktober gelingt in nicht allzu kalten Lagen ziemlich sicher. Für diesen Anbauzeitraum eignet sich besonders die sehr frühe Sorte 'Maiwunder'. Speziell für die Kultur unter Glas bieten Saatzüchter Sorten an, die auch bei niedrigen Temperaturen im Winter wachsen. Pflücksalat ist ebenfalls prädestiniert für Überwinterungsanbau.

^ oben Das Zichoriengewächs Radicchio bringt eine bittere Geschmacksnote in die Salatschüssel

^ unten Mit kälteverträglichen Sorten gelingt der Überwinterungsanbau von Kopfsalat

> Die altbekannte Sorte 'Maikönigin' eignet sich für sehr frühe und für sehr späte Saaten

Löffelkraut

Das Echte Löffelkraut *(Cochlearia officinalis)* liefert ebenfalls frisches Grün für den winterlichen Salatteller. Der Kreuzblütler wächst an der Nordseeküste wild auf salzhaltigen Böden; er gedeiht am besten bei kühlem Klima und in feuchtem Boden. An solchen Orten versamt sich das Pflänzchen. Die sukkulenten, dickfleischigen Blätter auf langen Stielen schmecken kressenartig scharf. Sie enthalten viel Vitamin C. Im Frühjahr erscheinen die weißen duftenden Blüten.

Salatrauke, Wilde Rauke und Garten-Kresse

Einjährige Salatrauke oder Rucola (*Rucola coltivata* = *Eruca sativa*) und ausdauernde Wilde Rauke (*Rucola selvatica* = *Diplotaxis tenuifolia*) gehören mittlerweile zum Standardprogramm in den Gärten. Die beiden Kreuzblütler können entweder im Frühjahr oder genauso gut im Herbst ausgesät werden. Die Wilde Rauke bildet laufend neue Blatttriebe. Die Blättchen mit ihrem sehr angenehmen, leicht scharfen und nussartigen Geschmack bereichern den Salatteller.

Die einjährige Salatrauke oder Rucola *(Eruca sativa)* ist ideal für Aussaaten im zeitigen Frühjahr und im Herbst, da sie bei niedrigen Temperaturen keimt und sehr schnell wächst. Nach drei oder längstens sechs Wochen ist sie bereits schnittreif. Wenn die Tage zum Sommer hin länger werden, schießt Rucola rasch. Wegen dieser Abhängigkeit von der Tageslänge wird die Art nur von März bis Mai und von September bis Oktober gesät, nicht aber im Sommer.

Rucola lässt sich zudem während des Winters in Töpfen auf dem Fensterbrett, im Wintergarten oder im Gewächshaus ziehen. Das gelingt auch gut mit der ebenfalls kälteverträglichen Garten-Kresse *(Lepidium sativum)*.

Hirschhorn-Wegerich

Wer gerne Ungewöhnliches kultiviert, sollte sich an den Anbau von Hirschhorn-Wegerich oder Krähenfuß-Wegerich *(Plantago coronopus)* wagen. Ziemlich sicher haben Restaurantbesucher unter den Gärtnern die schmalen, hirschgeweihartig geschlitzten Blätter unbewusst schon einmal in einer Mischung bunter Blattsalate gegessen.

Die Wegerich-Art wird von März bis September auf ein sonniges Beet gesät. Bereits nach sechs Wochen kann man die ersten fleischigen Blättchen mit leicht salzigem und bitterem Geschmack ernten. Dabei sollte man das Herz der Pflanze schonen, damit sie von dort aus neue Blätter bilden kann. Die winterharte Rosettenstaude wächst wild an europäischen Küsten. In kalten Lagen empfiehlt es sich, im Winter Frostschutz aufzulegen.

Spinat

Spinat *(Spinacia oleracea)* lässt sich über lange Zeit säen und nutzen und ist ideal für den Überwinterungsanbau. Bei Aussaat im September und warmer Herbstwitterung können die Blätter noch im Spätherbst geerntet werden. (Manchmal kommt es vor, dass im Frühjahr gesäter Spinat erst im Spätherbst keimt, wenn der Boden wieder genügend feucht ist.) Bei später Aussaat bildet er die Blätter erst nach dem Winter aus. Spinat aus Überwinterungsanbau liefert einige Wochen früher das ersehnte Blattgrün im Vergleich zu solchem, der erst im Frühjahr gesät wurde. Die frostharte Standardsorte 'Matador' eignet sich für den Herbst- und Überwinterungsanbau.

< links Das Echte Löffelkraut liefert viel Vitamin C für die Salatschüssel

< rechts Schnellwachsende Rauke eignet sich bestens für die Kultur in Kästen und Kübeln

^ Für Experimentierfreudige: Hirschhorn-Wegerich

> Der Klassiker für Überwinterungsanbau: Spinat

Mangold

Der Mangold (*Beta vulgaris* convar. *cicla*), wie Spinat ein Gänsefußgewächs, hätte es verdient, wieder mehr in den Gärten angebaut zu werden. Ausgesät wird er im späten Frühjahr oder im Herbst am besten direkt an Ort und Stelle. Er wächst problemlos, braucht kaum Pflege und liefert bei guter Nährstoffversorgung enorme Erträge. In milden Lagen überwintert er und kann sogar im Winter geerntet werden. Zusätzlich zu diesen Vorzügen sieht er als Pflanze auch noch dekorativ aus.
Gartenbesitzer, die Wert auf einen «schönen» Gemüsegarten legen, sind mit dem Mangold gut bedient. Die rotstieligen Sorten eignen sich besonders dafür. Beim Mangold unterscheidet man Sorten mit breiten Stielen, zum Beispiel 'Walliser' oder 'White Silver', und Sorten mit höherem Blattanteil wie 'Bright Lights' oder 'Rhubarb Chard'.

Winterpostelein

Der Winterpostelein oder Winterportulak (*Claytonia perfoliata = Montia perfoliata)* eignet sich für die Kultur sowohl im Freiland als auch im Frühbeet und Gewächshaus. Er mag nährstoffreichen, eher sandigen Gartenboden und einen sonnigen, warmen Platz. Gesät wird im Freiland ab Ende August–September (im Kleingewächshaus auch den Winter über) breitwürfig oder in Reihen mit einem Abstand von 10–15 cm.
Erntezeit des Winterposteleins ist vom Herbst bis zum Frühjahr. Zum Ernten nimmt man am besten die Schere, wobei man die langgestielten Blätter büschelweise in die Hand nimmt. Die fleischigen, eigenartig geformten Blätter des Winterposteleins sehen als Beimischung zu anderen Blattsalaten hübsch aus. Der Winterpostelein samt sich aus, wenn man ihn zum Blühen und zur Samenreife kommen lässt.

< 'Winterriese' ist der treffende deutsche Name für diese kälteverträgliche, großblättrige Spinatsorte

^ Mangold überwintert in milden Lagen und steht so fast das ganze Jahr über zur Ernte bereit

> Winterpostelein lässt sich gut im Frühbeet oder Kleingewächshaus kultivieren

Kohlgemüse

Auch Kohlgemüse wächst im Herbst noch weiter. Weiß-Kohl, Rot-Kohl, Wirsing, Rosen-Kohl und Grün-Kohl profitieren – neben spätem Brokkoli und Kohlrabi – von herbstlichen Regengüssen, die tief in den Boden dringen. Was in der Küche gebraucht wird, das erntet man; und die restlichen Köpfe, die zum Einlagern bestimmt sind, lässt man möglichst lange draußen. Die frostharten Arten Grün-Kohl und Rosen-Kohl bleiben sowieso über Winter auf dem Beet.

Grün-Kohl

Grün-Kohl oder Feder-Kohl (*Brassica oleracea* var. *sabellica*) ist so etwas wie der Star im winterlichen Garten, vor allem in Norddeutschland. Das gesunde Gemüse wächst aber auch anderswo, wenn es genügend Nährstoffe und Wasser bekommt. Der große Vorzug des Grün-Kohls ist seine Winterhärte. Er liefert frische Blätter für die Küche, wenn sonst kaum Grünzeug da ist. Und mit seinem Blattwerk macht er den Garten auch im Winter farbig.

Interessant sind in der Hinsicht die rotblättrigen, bäumchenartig wachsenden Sorten 'Toskanischer Palm-Kohl' oder 'Redbor', die jeweils etwa 80–180 cm hoch werden können. Andere Grün-Kohl-Sorten heißen 'Halbhoher grüner Krauser', 'Lerchenzungen', 'Ostfriesische Palme' oder 'Westerländer Winter'.

Üblicherweise sät man Grün-Kohl von Mitte Mai bis Ende Juni auf Anzuchtbeete und verpflanzt bis Anfang

August im Abstand von 50 cm. (Viele Gartenbesitzer ziehen es aus Gründen der Arbeitsersparnis vor, Setzlinge zu kaufen.) Grün-Kohl entwickelt sich häufig erst im Herbst gut, wenn es nach der Sommertrockenheit wieder mehr regnet und die Feuchtigkeit tief in den Boden eindringt. Trockenheit begünstigt oft den Befall mit Weißer Fliege.

Nach dem ersten Frost beginnt die Erntezeit. Die Blätter verlieren durch das Einwirken von Frost viel von ihrer Bitterkeit und werden unter Umständen erst dann richtig genießbar. Das Gemüse überwintert auf dem Beet; sehr tiefe und lang anhaltende Kahlfröste können allerdings Schaden anrichten.

Nach der Ernte ist die Grün-Kohl-Saison noch nicht vorbei. Ich habe es eine Zeit lang so gehandhabt, dass ich Grünkohlstrünke einfach im Garten stehen ließ. Das sah zwar komisch aus, doch das nahm ich gerne in Kauf, weil ich die zarten Sprosse, die in den Blattachseln erscheinen, gerne in Rohkostsalate mischte. Seit sich die Weiße Fliege im Freiland eingenistet hat, baue ich selbst jedoch keinen Grün-Kohl mehr an.

Wenn die Grünkohlstrünke im Frühjahr auf dem Beet stehen bleiben, bilden sich Blütentriebe. Bei der Blüte ist deutlich zu sehen, dass Grün-Kohl zur Pflanzenfamilie der Kreuzblütler gehört.

< Grün-Kohl und Rosen-Kohl bringen bei bester Nährstoff- und Wasserversorgung hohen Ertrag

^ Grün-Kohl verlangt geradezu nach frostigen Temperaturen und schmeckt dann erst richtig gut

> Besonders Blattformen und -farben machen Grün-Kohl fast zur Zierpflanze

Rosen-Kohl

Beim Rosen-Kohl (*Brassica oleracea* var. *gemmifera*) bilden sich die Kohlröschen in den Blattachseln entlang des Stammes. Im Grunde genommen sind es Mini-Kohlköpfe mit dickt gepackten Blättern, die hier heranwachsen. Der große Vorteil des Rosen-Kohls besteht darin, dass er – je nach Sorte – strengen Frost verträgt und draußen überwintern kann. Wer sich das ganze Jahr über mit Gemüse versorgen will, trifft mit dem Pflanzen von Rosen-Kohl eine gute Wahl! Normalerweise ziehe ich meine Gemüse-Jungpflanzen selbst an. Doch beim Rosen-Kohl (und bei den Kopf-Kohl-Arten) kaufe ich die Jungpflanzen aus Gründen der Arbeitsökonomie zu.

< Rosen-Kohl: Klassiker für die Winterernte

^ Altes Marktgärtnergemüse mit feinem Geschmack

Zier-Kohl

Gesunde Kohlköpfe wirken bereits recht dekorativ. Noch attraktiver ist der Zier-Kohl, der tatsächlich wie eine Zierpflanze in den Garten eingebunden wird. Seine Köpfe bilden sich zum Herbst hin immer besser aus, vorausgesetzt, Kohlweißlingraupen, Kohleulen und die Kohlmottenschildlaus (= Weiße Fliege) setzen ihnen nicht allzu sehr zu. Die typische Blattfärbung zeigt sich erst im Spätsommer, wenn die Temperaturen unter 10 °C fallen. Die Zierde hält bis in den Winter und sogar bis ins Frühjahr hinein, denn die Pflanze verträgt Frost bis –8 °C.

Gewellt oder gekraust – vom Zier-Kohl *(Brassica oleracea)* gibt es dekorative Sorten mit buntem Laub – richtige Hingucker auf den Rabatten. Im Gegensatz zu anderen Sommerblumen braucht man Zier-Kohl erst im Juni zu säen und verpflanzt ihn, sobald die Pflänzchen groß genug sind. Meistens sind Mischungen im Handel. Es gibt jedoch auch Farbsorten mit rosafarbener, roter oder weißer Blume und Sorten mit gekrausten oder gewellten Blattern. Übrigens haben auch andere essbare Kohl-Arten einen hohen Zierwert, allen voran der Grün-Kohl 'Redbor' oder der Toskanische Palm-Kohl 'Nero di Toscana'. Beide machen sich in Rabatten zusammen mit Sommerblumen ausgesprochen gut, sofern sie nicht von Schädlingen zerfressen werden. Und essbar sind sie dazu.

Wurzelgemüse

Die Wurzelgemüse Möhren, Pastinaken, Winterrettiche und Petersilienwurzel lasse ich ebenfalls möglichst lange an Ort und Stelle im Garten stehen. Zum einen, weil sie im Spätherbst bei tiefen Temperaturen noch weiterwachsen, und zum anderen, weil sie sich im Boden am besten halten und knackig frisch bleiben. Diese Vorgehensweise bewährt sich seit Jahrzehnten bei den Lagersorten, bei den Möhren 'Lange rote stumpfe ohne Herz' und bei den schwarzen Winterrettichen – und für die kälteverträgliche Pastinake gilt das sowieso. Im Spätherbst gesäte Radies und Mairettiche überstehen den Winter ebenfalls gut. Es bleibt natürlich unbenommen, einen Teil der Wurzelgemüse schon früher zu ernten, solange der Boden noch relativ trocken und das Beet gut zugänglich ist. Später im Jahr wird das Ernten eher ungemütlich, vor allem weil beim Betreten der Beete die Erde am Schuhwerk klumpt.

Die Freilandüberwinterung klappt in nicht zu kalten Wintern und in Gärten, in denen – wie zum Glück bei mir – keine Gefahr von Wühlmäusen und Kaninchen droht, sehr gut. Eine Abdeckung aus Vlies oder anderen Materialien gibt zusätzlichen Schutz. Es ist ratsam, während milder Wetterphasen die Abdeckung abzunehmen, damit das Blattwerk wieder abtrocknen kann und es nicht zu Fäulnis kommt.

^ oben Pastinakenwurzeln nach Bedarf direkt vom Beet ernten

^ Mitte Möhren lässt man so lange wie möglich auf dem Beet

< unten Die wenig bekannten Mairübchen überwintern bei mildem Wetter auf dem Beet

Dauerkulturen

Auch an die Dauerkulturen sollte man denken. Sie machen am wenigsten Arbeit und liefern zuverlässig frische Gemüseraritäten, gerade mitten im Winter.

Meerrettich – gesundes Gemüse für den Winter

Der ursprünglich aus Russland stammende Gewöhnliche Meerrettich *(Armoracia rusticana)* wird in Mitteleuropa seit dem Mittelalter kultiviert. Von Äckern und Gärten aus ist er verwildert und hat sich vor allem an feuchten Standorten mit nährstoffreichem Boden, vorzugsweise in Flusstälern, ausgebreitet.

Meerrettich ist eine Dauerkultur. Sandige, feuchte Böden bieten ideale Bedingungen. Dann können die Wurzeln zu langen, geraden «Stangen» heranwachsen. Erwerbsmäßiger Anbau wird deshalb in Regionen mit solchen Bodenverhältnissen betrieben, unter anderem in Mittel- und Oberfranken, Thüringen und der Steiermark. Die Profis machen es so: Sie legen nach dem Pflanzen der «Fechser», der Jungpflanzen, die Stangen mehrmals im Jahr frei und entfernen dabei die Seitenwurzeln; anschließend decken sie wieder mit Erde ab. Ich habe mir diese Mühe nie gemacht und nehme den Meerrettich einfach so, wie er wächst. Doch sosehr ich ihn als Gemüse schätze, so betrachte ich ihn als Gartenpflanze doch mit gewisser Vorsicht, weil er sich unterirdisch ausbreitet und zum Verwildern neigt! Ein Platz am Rand ist gut für ihn.

> Meerrettichwurzeln werden in den Monaten mit «r» geerntet

Zum Ernten der oft etwas krummen Meerrettichwurzeln nehme ich den Spaten. Die Wurzeln werden gebürstet und geschält und kurz vor dem Zubereiten auf einer feinen Küchenreibe gerieben. Dabei werden die scharfen Senföle freigesetzt, die zu Tränen rühren können. Das Wurzelgemüse riecht deshalb scharf und schmeckt auch so. Der geriebene Meerrettich sollte gleich mit Zitronensaft beträufelt oder weiterverarbeitet werden, damit er nicht braun wird. Eine Meerrettichstange, die man nicht unmittelbar verbrauchen kann, stellt man in ein Glas mit Wasser. Dann hält sie sich im Kühlschrank noch einige Zeit lang frisch.

Meerrettich ernten, gewusst wann

Meerrettich ist ein typisches Wintergemüse. Die Wurzeln, die sogenannten Stangen, werden nur im Winter, in den Monaten mit «r» geerntet, also von September bis April.

Topinambur

Eine weitere Dauerkultur ist der Topinambur *(Helianthus tuberosus)*, eine Verwandte der Stauden-Sonnenblume. Von dieser Staude erntet man die im Boden steckenden Knollen nach Bedarf. Da Topinambur zum Wuchern neigt, sollte er weit entfernt vom Gemüse in einer Gartenecke allein für sich stehen. Topinamburknollen werden am besten direkt vom Beet geerntet. Für eine längere Lagerung eignen sich die Knollen nicht, denn sie schrumpeln an der Luft und sind dann kaum noch zu gebrauchen.

Knollen-Ziest

Der ausdauernde Knollen-Ziest *(Stachys affinis)* bleibt ebenfalls auf dem Beet. Die aus China stammende Staude breitet sich im Lauf von Jahren moderat aus. Die oberirdischen Teile sterben im Spätherbst ab. Die länglichen Knollengebilde, die flach im Boden stecken, stehen ab dem Spätherbst zur Ernte bereit.

Lauchgewächse

In Bezug auf Zwiebeln und Knoblauch herrscht im Winter kein Mangel an Erntegut. Die Gemüsezwiebeln lassen sich wie allgemein bekannt gut lagern. Doch wer auch auf Zwiebelgrün Wert legt oder Zwiebeln sehr bald im Frühjahr ernten möchte, kann die vielen Möglichkeiten des Überwinterungsanbaus nutzen – nahezu immer mit Erfolgsgarantie.

Wintersteckzwiebeln und Knoblauch

Spezielle Zwiebel-Sorten wurden für den Überwinterungsanbau gezüchtet, zum Beispiel 'Radar' oder 'Senshyu Yellow'. Beim Knoblauch empfiehlt es sich, im Herbst die Zehen im Abstand von etwa 15 cm in der Reihe zu pflanzen. Es reicht auch noch, wenn man sie im Lauf des Dezembers steckt. So praktizieren es meine Nachbarn von jeher.

Lauch

Lauch oder Porree *(Allium porrum)* ist Standardkultur im winterlichen Garten. Für den Überwinterungsanbau eignen sich die frostharten Sorten 'Blaugrüner Winter' oder 'Hannibal'. Herbstsorten vertragen zwar etwas Frost, jedoch keinen tiefen Dauerfrost.

Lauch wird im Frühjahr entweder in Reihen direkt aufs Beet gesät, oder es werden vorkultivierte Setzlinge im Abstand von 10–15 cm gepflanzt. Für den normalen Bedarf im Haushalt genügt meistens eine Reihe Lauch – es sei denn, man hat einen großen Bedarf für feine Lauchkuchen, Quiches und Aufläufe. Gesäter Lauch steht immer zu dicht. Am besten dünnt man zu dicht stehende Pflänzchen aus und verwertet sie gleich als frisches Lauchgrün in der Küche. Gepflanzter Lauch wächst zu dicken «Stangen» heran. Durch Anhäufeln beim Hacken bekommen die Lauchstangen einen langen weißen Schaft, was erwünscht ist.

< links oben Topinamburknollen lassen sich vielseitig roh oder gedünstet zubereiten

< links unten Eine leicht zu kultivierende Rarität: Knollen-Ziest

< rechts oben Ohne Lauch/Porree geht im Winter gar nichts

< rechts unten Wintersteckzwiebeln bringen sehr frühe Ernte

^ Auf nährstoffreichen Böden wachsen kräftige Lauchstangen heran

> Ein Sortenmerkmal bei Lauch/Porree ist die Länge des Schaftes

Gartenpraxis – Bodenbearbeitung und Gründüngung

Im Winter liegt in vielen Gärten die Erde bloß da. Es ist vielerorts übliche Praxis, die Gemüsebeete im Spätherbst umzugraben. Dadurch erhoffen sich die Gartenbesitzer, dass die Erde durch das Durchfrieren lockerer wird und man sie im darauffolgenden Jahr besser bearbeiten kann. Bei schweren Böden ist das ein triftiger Grund. Auf leichten Böden genügt es unter Umständen, die Erde lediglich mit der Grabegabel zu lockern.

Was ebenfalls für das Umgraben spricht, ist der Aspekt der Unkrautunterdrückung. Der Unkrautaufwuchs wird beim Umgraben verschüttet und stirbt im Bodendunkel ab. Das Umgraben hat also etwas Ordnendes, Reinigendes, was viele Gartenbesitzer schätzen. Allerdings lässt sich das Unkraut dadurch nur kurzzeitig zurückdrängen. Im Frühjahr werden aus den an der Bodenoberfläche liegenden Samen neue Kräuter keimen.

Wer dagegen auf gute Bodenpflege Wert legt, wird nicht umgraben, sondern den Gartenboden grün in den Winter gehen lassen. Das heißt rechtzeitig im September bis Anfang Oktober Gründüngungspflanzen wie beispielsweise Gelbsenf oder Phazelie flächendeckend aussäen. Diese beiden Arten eignen sich besonders, weil sie noch spät im Jahr keimen und etwas Frost vertragen. Gelbsenf friert bei etwa –4 °C. ab, Phazelie verträgt sogar –9 °C. Im milden Winter 2019/2020 blieben in vielen Gärten beide Arten grün. Die Begrünung den Winter hindurch ist für den Boden aus mehrerlei Gründen günstig: Er wird dadurch vor atmosphärischen Einflüssen wie etwa Starkregen geschützt. Er wird durchwurzelt und so stabiler in seiner Struktur. Und die organische Substanz aus Aufwuchs und Wurzelwerk dient als Futter für die Bodenlebewesen. Regenwurm und Co. verkitten in ihrem Verdauungstrakt das Pflanzenfutter mit mineralischen Bestandteilen und scheiden stabile Bodenkrümel aus. Der günstige Effekt der Gründüngung zeigt sich nicht sofort, sondern erst nach Jahren durch eine zunehmend krümeligere Erde und durch Anhebung des Humusgehalts. Im Winter sind die Häufchen der Regenwürmer vor allem im Rasen oder in der Wiese gut zu erkennen.

Nicht so gern gesehen im Gartenraum sind dagegen Maulwürfe, die ihre Haufen aufwerfen. (Nebenbei bemerkt: Maulwurfshügelerde galt früher als beste Pflanzerde. Ich kann mich sehr gut daran erinnern, dass mein Vater mit mir loszog, auf Wiesen die humose Erde einsammelte und zur Bodenverbesserung im Garten verwendete. – Nicht zur Nachahmung empfohlen!)

< oben Methode Immergrün mit flächendeckenden Gründüngungssaaten – Phazelie und Gelbsenf

< unten Die Phazelie wirkt mit ihrem feinfiedrigen Blattwerk

^ links oben Schonende Bodenbearbeitung im Spätherbst: Lockern mit der Grabegabel

^ links unten Bei umgegrabenem Boden kann Frost intensiver einwirken; der durch Frost «gar» gewordene Boden lässt sich im Frühjahr leichter bearbeiten

> rechts oben Maulwurfshügel fallen in der kalten Jahreszeit besonders auf

> rechts unten Regenwurmhäufchen sind ein gutes Zeichen für humosen, garen Boden

Geschützter Anbau – Frostschutz und Verfrühungen

Unter dem Schutz von Folie, Vlies und Glas lässt sich der Erntezeitraum von feineren Gemüsearten im Herbst um Wochen oder gar Monate verlängern. Manchmal gelingt es so, Tomaten und Paprika noch bis Weihnachten direkt aus dem Kleingewächshaus zu holen. Die Abdeckungen und der Anbau unter Glas ermöglichen längere Ernten, aber auch frühere Saaten und Pflanzungen. Feldsalat ist die ideale Winternutzung fürs Kleingewächshaus.

Vlies- und Folienabdeckungen

Das Abdecken mit Vlies und Folie bringt vor allem im Frühjahr bei Salaten und Radies Vorteile. Und im Herbst lässt sich die Erntezeit auf diese Weise noch um ein paar Wochen verlängern.

Vlies oder Folie werden gleich nach dem Säen oder Pflanzen übers Beet gelegt und an den Seiten beschwert. Die Temperatur unter der Abdeckung ist um ein paar Grad höher als die Umgebungsluft und bleibt insgesamt ausgeglichener; es entsteht ein kleiner Treibhauseffekt, sodass die ersten Radieschen und der erste Salat tatsächlich etwa ein bis zwei Wochen früher erntereif sind.

Folientunnel und versetzbare Kästen

Sehr praktisch sind Folientunnel oder versetzbare Kästen. Diese Objekte werden nur zeitweise im Garten eingesetzt und wieder weggeräumt, sobald die Gemüsearten keinen Schutz mehr benötigen. Folientunnel bestehen aus Drahtbügeln, die mit UV-beständiger Folie überspannt sind. Die Tunnel werden einfach durch Einstecken der Bügelenden ins Erdreich fixiert. Eine neue Variante sind Pop-up-Anzuchttunnel, die sich wie ein Zelt von selbst aufstellen. Nach Gebrauch werden sie einfach platzsparend wieder zusammengefaltet. Selbst aus Holz gezimmerte und mit Folie bespannte mobile Kästen sind als Kälteschutz sehr nützlich.

Glocken und Töpfe

Einzelne Salatköpfe lassen sich bei Bedarf durch Überstülpen von Eimern, Töpfen, Hauben oder stilvoll mit Glasglocken vor Frost schützen. Große Tontöpfe eignen sich ebenso zum Abdecken im Frühjahr – als Mini-Treibhäuser, um Rhabarber anzutreiben oder Löwenzahn durch Lichtentzug zu bleichen.

< links Das Frühbeet wirkt wie eine Wärmefalle: Salate werden hier um Wochen früher erntereif als im Freiland

< rechts Durch das Abdecken mit Vlies lässt sich der Anbauzeitraum im Spätherbst und im Frühjahr verlängern

^ oben Plastikhauben sind als Kälteschutz für Salatköpfe schnell zur Hand

^ Mitte Elegante Verfrühungsmethode für einzelne Setzlinge

> rechts Rhabarber schiebt unter dem Schutz von Tontöpfen wesentlich früher Blätter als ohne

Kräuter in Freilandkultur für die Ernte im Winter

Etliche Gartenkräuter stehen auch im Winter zur Ernte bereit. Es sind die ausdauernden Arten, aber auch Einjährige und Zweijährige, die etwas Frost vertragen. Bei Letzteren denke ich an Ringelblume und Boretsch, die im Winter 2019/2020 tatsächlich grün und teils blühend im Garten standen. Auch Petersilie überwintert grün und kann fast während der gesamten Wintermonate geerntet werden. Die hier vorgestellten Kräuterstauden und -halbsträucher findet man häufig als Begleitpflanzen im Rosen- und Staudenbeet. In einer formalen Gartenanlage mit niedrigen Formschnitthecken kommen die Kräuter gut zur Geltung.

Garten-Salbei

Im Kräutergarten ist vor allem der Garten-Salbei *(Salvia officinalis)* ein Star – sowohl als Heil- und Würzpflanze als auch als Zierpflanze. Die Blätter lassen sich auch im Winter zum Kochen verwenden, obwohl sie in der Zeit nicht so aromatisch sind wie die im Sommer herangewachsenen. (Für Heilzwecke taugen nur die aromareichen Blätter aus der Sommerernte.)

Von der Art gibt es dekorative Sorten mit interessant gefärbten Blättern, beispielsweise die violette 'Purpurascens', die gelb-grüne 'Icterina' oder die dreifarbige 'Tricolor'. Doch nach meiner Erfahrung halten

< So ästhetisch wirkt ein formal angelegter Kräutergarten auch im Winter

^ Gewürz-Fenchel macht im Raureif eine gute Figur

> oben Im Herbst gesäte Petersilie steht über Winter zur Ernte bereit

> unten Graublaues Blattwerk von Garten-Salbei und Eberraute im Raureif

es die Genannten meist nicht sehr lange aus. Dagegen erweist sich bei mir die großblättrige Sorte 'Berggarten' als sehr robust. Sie hat in meinem nach Osten exponierten Garten viele eisig kalte Winter überstanden. In meinem Garten stehen verteilt mehrere Exemplare, die seit geraumer Zeit ein Eigenleben führen. Die Triebe legen sich auf den Boden, ziehen Wurzeln und bilden neue Pflanzen. So verbreitet sich der 'Berggarten'-Salbei mittlerweile (fast) ohne mein Zutun.

Parallel betreibe ich speziell bei dieser dekorativen Salbei-Sorte eine – etwas unkonventionelle – Stecklingszucht. Ich stecke Teilstücke einfach direkt ins Erdreich. Mit etwas Glück ziehen die Stecklinge Wurzeln und entwickeln sich bald zu kräftigen Büschen.

Rosmarin

In vielen Gärten steht der Rosmarin *(Rosmarinus officinalis)* ausgepflanzt im Freiland und hält sich nach meiner Beobachtung recht lange. Der Lippenblütler wächst bei guten Bedingungen zu einem stattlichen Busch heran. In kühlen Klimalagen ist der Halbstrauch, der aus dem Mittelmeerraum stammt, allerdings nicht sicher winterhart. Da bietet es sich an, ihn sicherheitshalber im Topf zu kultivieren und im Winter an einem hellen, sehr kühlen Platz im Haus oder in einem Nebengebäude aufzustellen. So steht er auch in der kalten Jahreszeit jederzeit zur Ernte bereit.

Sauerampfer

Der Große Sauerampfer *(Rumex acetosa)* ist eine echte Wildpflanze, die auf eher feuchten Wiesen vorkommt. Für den Garten gibt es sehr wüchsige großblättrige Züchtungen. Ich kultiviere seit Jahrzehnten die Sorte 'Profusion' aus Kanada und bin von ihr begeistert. Der große Vorteil dieser Sorte ist, dass sie nicht blüht und ihre ganze Wuchskraft in die Blätter steckt. Diese schmecken fein säuerlich und erscheinen fast das ganze Jahr über. Bei Frost sterben die Blätter zwar ab, aus dem starken Rhizom treiben jedoch bei milden Temperaturen sehr bald junge Blätter. Während der

< Der Halbstrauch Rosmarin bleibt im Winter grün

^ Die Sauerampfer-Sorte 'Profusion' treibt bereits im Februar reichlich frische Blätter

^ Gartenformen des Sauerampfers sind großblättriger als die der Wildform

> Die Winterhecken-zwiebel schiebt bereits im Februar frisches Zwiebelgrün

Arbeit an diesem Buch konnte ich bereits im Januar frische Sauerampferblätter als Würze für den Salat ernten. Die Staude lässt sich nach ein paar Wuchsjahren gut teilen. Ich sage gerne – nur leicht übertreibend –, dass ich mit meiner Sauerampfer-Staude eine Restaurantküche mit Blättern versorgen könnte.

Winterheckenzwiebel

Die Winter-Zwiebel oder Winterheckenzwiebel *(Allium fistulosum)* steht dem Sauerampfer in Sachen frühem Austrieb nicht nach. Dieses ausdauernde, horstbildende Gewächs ähnelt dem Schnittlauch; es ist allerdings in allen Teilen größer und trägt weiße Blüten, die so aussehen wie die Blütenstände der Küchen-Zwiebel. Ich schätze die Winterheckenzwiebel wegen ihres frühen Austriebs im Februar sehr. Mit ihren röhrigen Blättern kommt das erste Zwiebelgrün auf den Tisch, lange vor dem Schnittlauch. Nach dem ersten Schnitt im Frühjahr lasse ich die Pflanzen der Winterheckenzwiebel aufwachsen und zur Blüte kommen. Die Blüten wiederum üben auf Honigbienen und andere Insekten eine große Anziehungskraft aus. Die Eigenschaft, Bienen anzulocken, macht diese Zwiebel-Art zu einer wichtigen Gartenpflanze, von der man nicht genug anpflanzen kann, am besten reihenweise. Für das Pflanzgut kann man selbst sorgen. Die Winterheckenzwiebel lässt sich nämlich leicht durch Teilen älterer Horste oder durch Aussaat vermehren.

Wildkräuter und Wildgemüse

Wildkräuter und Wildgemüse dürfen in einem Kapitel über Nutzpflanzen im Winter nicht fehlen, denn sie sind fast so gut nutzbar wie die verschiedenen Arten und Sorten von Kulturgemüse und stehen eigentlich immer zur Ernte zur Verfügung, vorausgesetzt, man kann sie sicher erkennen – ein wichtiger Fundus der Natur, aus dem wir uns guten Gewissens bedienen können.

Bereits im Spätwinter erscheinen die Büschel des Wilden Schnittlauchs mit den feinen «Schnittlauch»-Röhrchen in meiner Gartenwiese. Dieses wilde Lauchgewächs kommt in meiner süddeutschen Heimat häufig an trockenen Böschungen vor; die Einheimischen sammeln es sogar. Etwas später treibt der Bär-Lauch *(Allium ursinum)* in bodenfeuchten Wäldern und genauso in vielen Gärten. Hier fühlt er sich an einem halbschattigen Platz im lichten Schatten unter Gehölzen wohl. Für das besonnte Kräuterbeet eignet er sich dagegen nicht.

Zu den Ganzjahreskräutern zählt die Vogelmiere. Sie keimt und wächst auch bei tiefen Temperaturen. Auf Feldsalatbeeten, in Frühbeet, Kleingewächshaus oder Balkonkästen ist sie eigentlich immer da und steht als wohlschmeckendes Wildkraut zur Ernte bereit.

Das Gänseblümchen findet man dagegen auf der Gartenwiese oder in Ritzen von Steinbelägen. Geerntet werden die Blattrosetten. Die Blätter schmecken angenehm mild, allerdings ist der Putzaufwand ziemlich hoch, weshalb Gänseblümchenrosetten in der Küche wohl nicht allzu häufig Verwendung finden dürften. Ich ziehe eindeutig den Feldsalat vor.

Anders ist es mit dem Scharbockskraut *(Ranunculus ficaria)*. Seine hellgrün-gelblichen Blätter spitzen bereits im Februar aus dem Boden. Sie enthalten sehr viel Vitamin C, was dieses Hahnenfußgewächs so wertvoll macht. Gesundheitsbewusste Menschen geben immer ein paar Blättchen mit in den Salat. Im Garten kann das Kraut etwas lästig werden. Durchs Ernten allein wird man ihm nicht beikommen, denn es vermehrt sich hauptsächlich vegetativ über Brutknöllchen. Der Rat, gegen das Kraut anzuessen, hilft auch nicht bei der Bekämpfung des lästigen Giersch *(Aegopodium podagria)*, dessen Rhizome sich überallhin ausbreiten und der, wenn man nicht aufpasst, ganze Gartenteile erobert.

Als eines der frühesten Kräuter tritt die Knoblauchsrauke *(Alliaria petiolata)* in Erscheinung – an Wegrändern, unter Hecken und Gebüsch sowie in Mauerritzen. Ihre interessant geformten Blätter liefern kaum merklich nach Knoblauch schmeckende Würze für Salat und Kräuterquark.

Und die Brennnessel (*Urtica* spec.) nicht zu vergessen, deren Triebe ebenfalls bereits im Februar aus dem Boden spitzen – sie eignen sich zur Verwendung als Wildgemüse oder für Teeaufgüsse.

< Wilder Schnittlauch wächst am Wegrand und siedelt sich auch auf der Gartenwiese an

< links oben Scharbockskraut: glänzende Blätter mit viel Vitamin C

< links unten Vogelmiere: bringt leicht nussigen Geschmack auf den Salatteller

^ rechts oben Knoblauchsrauke: allerfrühestes Grün mit leichtem Knoblauchhauch

^ rechts unten Giersch: junge Blätter als ideales Spinatgemüse

Nutzpflanzen für Topfkultur mit geschützter Überwinterung

Auch einige Kübelpflanzen sind Nutzpflanzen. Es handelt sich dabei um Gewächse aus wärmeren Klimaregionen, für die mitteleuropäische Winter zu frostig sind und die deshalb geschützt überwintern müssen. Praktischerweise werden die Pflanzen in Töpfen oder Kübeln kultiviert, sodass sie, wenn nötig, rasch umziehen können. Mein Favorit ist der Lorbeerbaum. Wer gerne experimentiert und über einen «grünen Daumen» verfügt, kann es auch mit dem Überwintern von empfindlichen Stevia-Pflanzen *(Stevia rebaudiana)* oder Zitronenverbene *(Aloysia triphylla)* versuchen. Ich habe meine Versuche eingestellt, weil sich Blattläuse einnisteten und die Kräuter ungenießbar machten.

Lorbeerbaum

Der Lorbeerbaum *(Laurus nobilis)* ist Zierpflanze und Nutzpflanze zugleich, außerdem ist er leicht zu halten. Gründe genug also, das Gehölz in Form von Busch oder Hochstämmchen zu kultivieren. In meinem Haushalt handhabe ich es so: Im Winter steht das buschige Lorbeerbäumchen direkt neben der Haustür im hellen und kühlen Flur. Es passt gut an diesen Platz. Bereits gegen Ende des Winters oder im Vorfrühling stelle ich den Lorbeertopf ins Freie vor die Tür auf der Nordseite des Hauses – nur einen Meter entfernt vom Überwinterungsplatz. Lorbeer ist robust und verträgt auch tiefe Temperaturen. Und sollte es im März doch noch einmal sehr frostig werden, hole ich den Topf vorübergehend wieder ins Haus. So habe ich fast keinen Aufwand mit dem Gewächs. Es läuft einfach so im Alltag mit.

Blätter ernte ich nach Bedarf das ganze Jahr über. Ich knipse sie von Zweigen, wo sie besonders dicht sitzen, einfach mit den Fingernägeln ab.

Feigenbaum

Ein Feigenbaum *(Ficus carica)* bringt mediterrane Atmosphäre in den Norden. Feigenbäumchen sind erstaunlich widerstandsfähig und überstehen auch leichte Fröste. Üblicherweise werden sie in Töpfen kultiviert und im Haus überwintert. In warmen Klimaregionen und in geschützter Lage können die Gehölze auch hierzulande im Freien überwintern. Die Sorte 'Bayernfeige Violetta' übersteht sogar Fröste bis etwa –15 °C. Bei ihr reifen die Früchte ab Mitte Juli. Andere Herkünfte und Sorten reifen in Schüben bis zum Winter. Ein Feigenbaum geht blattlos in den Winter.

Zitrusbäumchen

Bei der Auflistung der Nutzpflanzen im Topf dürfen Zitrusgewächse nicht fehlen – schon allein des betörenden Duftes wegen, den die weißen oder rosafarbenen Zitrusblüten verströmen. Ältere Zitronen-Bäume bringen zuverlässig Früchte, die auch im Winter reifen. Andere Zitrus-Arten und -Sorten fruchten ebenfalls. Ein für Anfänger gut geeignetes Zitrusgewächs ist Kumquat, das kleine, wohlschmeckende Früchte ausbildet. Einfach zu kultivieren ist auch die dekorative Bitterorange, allerdings sind ihre Früchte nicht essbar. Zitruspflanzen brauchen für gutes Gedeihen ein spezielles Substrat und eisenhaltigen Spezialdünger, damit sich die Blätter nicht gelb färben.

< Mit einem Lorbeerbaum im Kübel ist man das ganze Jahr über Selbstversorger in Sachen Lorbeerblätter

^ oben Zitrusgewächse wie hier Bitterorangen brauchen einen kühlen Überwinterungsraum

> Mitte links Feigenfrüchte reifen in mehreren Schüben bis in den Winter hinein

> Mitte rechts Zitrusblüten verströmen im Winter ihren feinherben Duft

> unten Ein Kumquatbäumchen trägt reichlich essbare Früchte

KALENDARIUM FÜR DEN GARTEN IM WINTER

Praktische Tipps	November	Dezember
	Die Pflanzen bereiten sich auf den Winter vor. Doch bei genauem Hinschauen steckt der Garten noch voller Leben. Späte Herbstastern und Efeu blühen und locken an milden Tagen Honigbienen und andere Insekten an. Gräser mit ihren anmutigen Wuchsformen rücken in den Blick.	Viele Gehölze stehen jetzt laublos da. Immergrüne und wintergrüne Gehölze behalten ihre Blätter. Raureif und Schnee verwandeln Laub, Astwerk und späte Blüten für ein paar Stunden in bizarre Gebilde und schaffen so zauberhafte Kunstwerke.
Gehölze	> Für Laub abwerfende Gehölze einschließlich der Rosen ist der November ein guter Pflanzmonat. > Bei Rosen jetzt nur abgestorbene oder störende Triebe entfernen. Triebe mit Hagebutten belassen. Der eigentliche Rückschnitt geschieht erst im Frühjahr. > Jetzt fallen viel Gehölzschnitt und reichlich Laub an. Diese schwer verrottbaren Materialien eignen sich gut als Unterbau im Hochbeet.	> Ab dem 4. Dezember Barbarazweige für die Vase schneiden und ins Haus holen. > Material aus dem Garten als Adventsschmuck verwenden: Ilexzweige, Fichten- und Tannenzapfen, Misteln (wenn vorhanden), dürre Staudenstängel und anderes. > In Gartenecken Haufen aus Holz, abgeschnittenen Ästen und Laub liegen lassen. Hier finden Igel und anderes Getier Unterschlupf für den Winter. > Immergrüne Gehölze auch im Winter gießen, vor allem solche in Töpfen, die unter einem Dachtrauf stehen und nicht genügend natürliche Feuchtigkeit bekommen.
Stauden	> Dürre Staudenstängel stehen lassen – wegen der Ästhetik und weil sie Vögeln und Insekten Nahrung und Unterschlupf bieten. > Hohe Staudengräser zusammenbinden. > Noch Zwiebelblumen stecken.	> Die Winterblüher Christrose und Stinkende Nieswurz werden zum Blickfang. > Abgeblühte Garten-Chrysanthemen nicht abschneiden. Sie brauchen ihr Laub als Winterschutz. > Noch ist es möglich, Blumenzwiebeln im Boden zu versenken.
Nutzgarten	> An Außenwasserhähnen das Wasser abstellen. > Spinat und Winterkopfsalat zur Ernte im Frühjahr säen. > Überwinterungssalate ernten: Endivien, Zuckerhut, Feldsalat und andere.	> Weiterhin direkt vom Beet ernten: Feldsalat, Endiviensalat, Zuckerhut. > Meerrettichstangen und Topinambur ausgraben. > Gründüngungssaaten von Gelbsenf und Phazelie bedecken die Gemüsebeete.

Januar

Im trüben und regnerischen Januar findet die Gartenarbeit hauptsächlich im Kopf statt. Es ist die Zeit des Reflektierens und Planens. Beim Blättern und Lesen in Gartenbüchern und in Pflanzenkatalogen kommen neue Ideen auf.

> Zweige vom abgeschmückten Weihnachtsbaum und aus der Weihnachtsdekoration zum Abdecken von Rosen und frisch gepflanzten Stauden nehmen. Zum Abdecken ist es noch nicht zu spät, da erst im Januar und noch mehr im Februar mit stark wechselnden Temperaturen und Frostschäden zu rechnen ist.
> Duft-Schneeball und Winter-Jasmin sorgen mit ihren Blüten für Farbe in der Gartenlandschaft. Schnee-Heide bietet Hummeln und Honigbienen frühe Nahrung.
> Im Winter fallen Gehölze mit interessanten Wuchsformen und bunt gefärbter Rinde auf, beispielsweise die Korkenzieherhasel oder Hartriegelsträucher.

> Im Herbst gepflanzte Stauden wenn nötig festdrücken und ihnen einen leichten Winterschutz geben.
> Falllaub von Steingartenpflanzen abräumen.
> Winterlinge, Schneeglöckchen und Elfen-Krokusse öffnen ihre Blüten an den ersten warmen, sonnigen Tagen oft schon im Januar, spätestens im Februar.

> Im Gewächshaus sind erste Ansaaten von Salaten und Radies möglich.
> Meerrettichstangen und Topinambur ernten.
> Gelegentlich nach dem Kompost schauen und gegebenenfalls abdecken, sodass er nicht vernässt. Organische Abfälle aus dem Haushalt (Kaffeesatz, Teebeutel, Zitrusschalen usw.) nach Möglichkeit mit gröberem und trockenem Material mischen.

Februar

Ab Anfang Februar, um den Lichtmesstag am 2. Februar, bekommt das Licht eine neue Qualität. Und die Tage werden deutlich länger. Frühlingsahnen kommt auf. Gartenmenschen drängt es, endlich wieder draußen aktiv etwas zu tun.

> Gehölzschnitt bis Ende des Monats abschließen.
> Im Sommer blühende Ziergehölze auslichten. Forsythie, Ranunkelstrauch und andere im Frühling blühende Sträucher sind erst nach der Blüte dran.
> Die Kornelkirsche bringt mit ihren hellgelben Blüten Farbe in die Gartenlandschaft.
> Nach den Kletterrosen an der Hauswand schauen. Diese brauchen jetzt Schutz vor stark wechselnden Temperaturen und starker Sonneneinstrahlung.

> Zwiebelblumen und Polsterpflanzen von Laub und anderem dürren Pflanzenmaterial befreien, damit sie Licht und Luft bekommen und sich voll entfalten können.
> Von Schneeglöckchen kann man nie genug haben. Nette Spielarten sind das Gefüllte Schneeglöckchen (*Galanthus nivalis* 'Flore Pleno') oder das Orientalische Schneeglöckchen (*Galanthus elwesii*) mit breiten Blättern.

> Winterheckenzwiebel und Garten-Sauerampfer treiben.
> Wildgemüse sprießt und lädt zur Ernte ein: Bär-Lauch, Brennnessel, Gänseblümchen, Giersch, Sauerampfer, Scharbockskraut, Wilder Schnittlauch.
> Feldsalat, Lauch/Porree, Rosen-Kohl frisch aus dem Garten holen.

Anhang

Links und Literaturhinweise

Webseiten

www.dwd.de (Deutscher Wetterdienst)
www.meteoschweiz.admin.ch
www.winterhart.ch
www.zamg.ac.at (Zentralanstalt für Meteorologie und Geodynamik)

Bücher

Berthold, Peter/Mohr, Gabriele: *Vögel füttern, aber richtig: Das ganze Jahr füttern, schützen und sicher bestimmen*. 4. Auflage. Franckh Kosmos Verlag, Stuttgart 2017

Bross-Burkhardt, Brunhilde: *Viel Garten – wenig Zeit. Mehr Freude am Garten durch kluge Planung*. Haupt Verlag, Bern 2019

Bross-Burkhardt, Brunhilde: *Das Boden-Buch. Grundlagen und Tipps für den naturnahen Gartenboden*. Haupt Verlag, Bern 2017

Bross-Burkhardt, Brunhilde: *Lob des Unkrauts. Wilde Pflanzen in Garten und Stadt – nützlich und schön*. Haupt Verlag, Bern 2015

Bross-Burkhardt, Brunhilde: *Gemüseraritäten im naturnahen Garten*. aVBUCH im Cadmos Verlag, Schwarzenbek 2014

Bundesanstalt für Landwirtschaft und Ernährung (BLE) (Hrsg.): *Agrarmeteorologie*. Bonn 2017 (zu bestellen bei BLE-Medienservice, www.ble-medienservice.de)

Franck, Gertrud/Bross-Burkhardt, Brunhilde: *Gesunder Garten durch Mischkultur. Gemüse, Blumen, Kräuter, Obst. Altes Gartenwissen neu entdeckt*. oekom Verlag, München 2019

Lorenz von Ehren: *Baumschulkatalog*. 3. Auflage. Hamburg, o. J.

Bildnachweis

Alle unten nicht aufgeführten Fotografien stammen von **Brunhilde Bross-Burkhardt.**

S. 2	Pixabay/Kerstin Riemer
S. 10/11	AdobeStock/Christine Kuchem
S. 14	Flickr/Alexander van Loon/ CC-BY-SA-2.0
S. 18	Pixabay/Ulrike Leone
S. 20	Gabriela Bortot
S. 29	Pixabay/jorunn3
S. 30	AdobeStock/butterfly-photos.org
S. 31	Pixabay/Funki50
S. 42	Wikimedia Commons/Jerzy Strzelecki/ CC-BY-SA-3.0
S. 48 oben	Pixabay/congerdesign
S. 55	AdobeStock/Yuliya
S. 58 links	Flickr/Michael Coghlan/CC-BY-SA-2.0
S. 59 unten	Flickr/Maja Dumat/CC-BY-SA-2.0
S. 60/61	AdobeStock/Christine Kuchem
S. 65	Pixabay/joelk51
S. 99 rechts	Flickr/Alexander van Loon/ CC-BY-SA-2.0
S. 107 unten	Wikimedia Commons/Spedona/ CC-BY-SA-3.0
S. 117 oben	Okapia/Hans Reinhard
S. 121 links	Shutterstock/William Hager
S. 160 rechts	Flickr/Maja Dumat/CC-BY-SA-2.0
S. 163 unten	Wikimedia Commons/Rasbak/ CC-BY-SA-3.0
S. 168 oben	Flickr/Bill Burris/CC-BY-SA-2.0
S. 169	AdobeStock/Людмила Ко
S. 170 oben	Flickr/allispossible.org.uk/CC-BY-SA-2.0
S. 174 links	Shutterstock/parzelle94.de
S. 175 Mitte	Shutterstock/M G White
S. 175 rechts	Pixabay/AlyxH
S. 183 Mitte links	Wikimedia Commons/4028mdk09/ CC-BY-SA-3.0

Register

Fett gesetzte Seitenzahlen verweisen auf Fotos.